おさんぽ
BINGO

たのしい おさんぽ 図鑑

bun ken

はじめに

『おさんぽBINGO』は、いわゆる数字ではなくて、
字の読めない小さな子どもでもわかるような
花や動物、建物や乗り物などのイラストが描かれたビンゴカード。
おさんぽに出かける時に持って行き、イラストと同じものを見つけたら
一つひとつ穴を開け、タテ・ヨコ・ナナメのどこか一列が先に並んだ人が勝ち！
という移動式ビンゴゲームです。

そんな『おさんぽBINGO』と一緒に
お出かけをもっと楽しんでもらえる『たのしいおさんぽ図鑑』ができました。
いつも何気なく見ているものだけど、図鑑と一緒に注意深く見てみると
季節や自然や社会に触れることができる新しい図鑑です。
知らなかった小さな知識や驚きの事実などを、
それぞれのイラストについて深掘りしています。

使い方はいろいろ。
親子のいつものおさんぽから、旅行やキャンプのおともにも。
初めてのデートで会話に困った時にも。
ひさしぶりのおじいちゃんと孫のコミュニケーションにも。
発見や会話も増えて、いつものおさんぽが、もっと楽しいおさんぽになります。
お出かけする時には、ぜひ一緒に連れてってください。

本書の楽しみかた

『おさんぽBINGO』カードと『たのしいおさんぽ図鑑』を一緒に持って、
お出かけしましょう。先にビンゴになった勝者には
何かステキなごほうびなどを考えておくとゲームは盛り上がり、楽しさは倍増です!

おさんぽBINGO（カード）

本書オリジナルのビンゴカード。
2枚のイラストは違うものなので、
同じ道を歩いていても穴の開き方は違います。

※2枚入り。リフィルは別売（ラボクリップ）

たのしいおさんぽ図鑑（本）

『おさんぽBINGO』に描かれた
40個のアイテムについて、それぞれ真面目に研究し
解説をまとめています。見方を変えるだけで、
いつもの風景が違って見えます。

もくじ

おさんぽ 01
ありのぎょうれつ
[蟻の行列]

アリの行列は見かけるけど、その先に
何があるのか探ったことはアリますか？
人間と同じように、おいしいものには
ついつい並んでしまうようですね。
さあ、アリの人気メニューは何か実験しましょう。

DATA　※働きアリの場合
[分類] ハチ目スズメバチ上科アリ科
[寿命] 1〜2年
[睡眠時間] 約5時間
[体重] 1〜5mg
[体長] 2〜12mm

行列のできるごちメニュー
甘さ、食感、香り……。アリにだって好き嫌いがあります。

おいコメくわねえのかよ
日本の国民食であるごはん＝ライスですが、アリには意外と人気がありません。あの素朴な甘みがいいのに……。もしかして、おかずがないと食べにくい！？

MENU2　ライス

歯ごたえありすぎぃ
「え、これ鬼硬いんですけど。歯折れるんですけど……」って声が聞こえてきそうなくらい、人気がなかったラムネ。甘くて好物なはずなのに……やっぱり食感も大事なんですね。

MENU1　ラムネ

OSANPO 01 ARINOGYOURETSU

アリがヘビになりました

長蛇の列をつくったのは、人間も大好きなチョコレート。中毒性のある甘さに、アリたちも虜。ああ、おそろしき魅惑的食べもの……。

プルンプルンな誘惑

見ためが美しいゼリーは味ももちろん美味! とろけるような食感も人気の理由のひとつでしょう。そりゃ、アリも好きに違いありませんよね。

意外にしぶい趣味

甘いもの好きかと思いきや、まさかのおせんべいが人気。やっぱり、甘いものばっかり食べ続けたらしょっぱいものがほしくなるんですね。

MENU3
おせんべい

MENU4
ゼリー

MENU5
チョコレート

02 いぬ
[犬]

おさんぽの途中で犬によく出会うのは
犬はおさんぽが大好きだからです。
犬と出会ったときに仲よくなれたら、
おさんぽがもっと楽しくなるかもしれません。

DATA ※中型犬の場合
[分類] 食肉目イヌ科イヌ属
[寿命] 10〜13年
[睡眠時間] 12〜14時間
[体重] 11〜25kg
[体高] 40〜60cm

犬と友だちになる方法

顎の下をそっとなでてみましょう。
耳のうしろから顎にかけては、
ツボが集中している部位。
マッサージ効果もくわわって、
とても気持ちよくなるはずです。
これで、犬との距離もグッと縮まるでしょう。

※飼い主さんに許可をもらってから触るようにしましょう。

触られたくないところ

犬は、体の先っぽの部分を
触られるのがきらい。
先っぽは敏感なだけでなく、
においを嗅いだり音を聞いたり
重要な働きをするんです。
イヤがることはやめましょう。

耳　　　足の先

鼻　　　しっぽ

ほかにも、こんな部分をなでられるのが好きです。

犬は猫のように毛づくろいをしません。
そのため、なでなでしてあげるとよろこびます。

背筋から
しっぽのつけ根まで

おなかから
後ろ脚のつけ根にかけて

おでこから
鼻筋にむかって

耳のつけ根から
首筋にかけて

わきの下から
おなかにむかって

― ちょっとより道 ―

犬の飼い主と
友だちになる？方法

「かわいいですね」「おりこうですね」などと言って、飼い主のごじまんである犬をほめちぎりましょう。さらに「何歳ですか？」「なんの種類ですか？」などと会話をふくらませるのもポイントです。

レア犬図鑑

街で見かけたら、超ラッキー！？

ジャイアント熊

チベタン・マスティフ
Tibetan Mastiff

【原産国】中国チベット高原
【特徴】もっとも大きい犬種で、体重100kgを超えることも。モフモフッとしたやわらかい毛に覆われ、まるで熊のような貫禄です。

極悪般若

ナポリタン・マスティフ
Neapolitan Mastiff

【原産国】イタリア
【特徴】黒くて大きな体に、たるんだ皮膚……。親分のような怖い雰囲気をかもし出していますが、性格はいたっておだやか。やさしい方なんです。

ローシェン
Lowchen

【原産国】フランス
【特徴】おしりまわりをつるつるに刈り上げ、肩から胸にかけてタテガミを残すというおもしろい見ため。だれかにイタズラされたわけではありません。

毛無だ三兄弟

ペルービアン・ヘアレス・ドッグ
Peruvian Hairless Dog

【原産国】ペルー
【特徴】ヘアレス犬種の中でもトップクラスのつるつるワンコ。スリムな体型で黒く、つるっとしたボディが独特のオーラを放っています。

チャイニーズ・クレステッド・ドッグ
Chinese Crested Dog

【原産国】南米またはアフリカ
【特徴】頭と足の先、しっぽにだけ毛がフサフサ生えている、一風変わった風貌。ヘアレス犬種の中では、いちばん人気が高いそうです。

あなたはなに犬？ 性格いぬ診断

甘えん坊にガンコ……
その性格、犬にたとえたらどのタイプ？

ミスター忠誠心
侍のような あなたは…

→ **Type** 柴犬 *Shiba Inu*
信頼するご主人さまに対して、とっても忠実。いっぽう、よそ者やほかの犬にはなれなれしくせず、クールな態度をとります。

上品でおだやか！
お嬢さまな あなたは…

→ **Type** マルチーズ *Maltese*
落ち着いて気品あふれる雰囲気は、ヨーロッパの貴婦人のよう。「抱き犬」と言われるほど、ご主人さまに抱っこされるのが大好き。

やさしくて辛抱強い！
器の大きな あなたは…

→ **Type** ゴールデン・レトリバー *Golden Retriever*
ガマン強くて気配り上手な上、おおらかな性格なのでみんなの人気者。人間の子どもも大好き！ 愛情にあふれています。

頑固でプライド高め
鉄壁マインドな あなたは…

→ **Type** パグ *pug*
くちゃっとつぶれた顔が愛嬌たっぷりですが、すねると食事をしなくなったり座り込んで動かなくなったりと、わがままな一面も。

甘えん坊で寂しがり屋
末っ子かよ、な あなたは…

→ **Type** ビーグル *Beagle*
いくつになっても甘えん坊でやんちゃ、お遊びもイタズラも大好きっ子。寂しがり屋さんなので、お留守番はニガテです。

03 おじぞうさん
[お地蔵さん]

おじぞうさんって、
実は子どもを守ってくれる神さまだそうです。
よく見ると、お顔もそれぞれ。
せっかく守ってもらえるのなら、
推しメンのおじぞうさんに拝みたいものです。

DATA
[正式名称] 地蔵菩薩（じぞうぼさつ）
お釈迦さまが亡くなったあと、人々を救ってくれる存在として現れた菩薩。お寺の境内やお墓のほか、道端などに地蔵菩薩の像が置かれている。

おじぞうさんの顔タイプ

どのおじぞうさんがお好み？

さとう顔
甘〜いマスクでもおでこは広め。

す顔
キュッと閉じたお口でいさましい表情。

しょうゆ顔
おじぞうさんの定番顔！？
左右均等で美しいお顔。

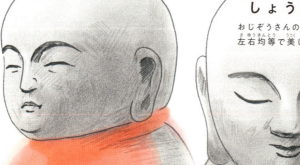

―― ちょっとより道 ――

おそなえすると よろこばれるものは？

おじぞうさんのまわりは
おそなえものでいっぱい。
いちばん、よろこんで
くれるものはなんでしょうか？

おまんじゅう
和菓子は大好物。
ただし、おそなえした
あとは各自、持って
帰るようにしましょう。

ずきん
外でずっと立っている
おじぞうさんにとって、
雨や雪をよけるものは
うれしい品ものです。

おはな
色とりどりの花々に囲
まれたおじぞうさんの
お顔は、その美しさ
が倍増します。

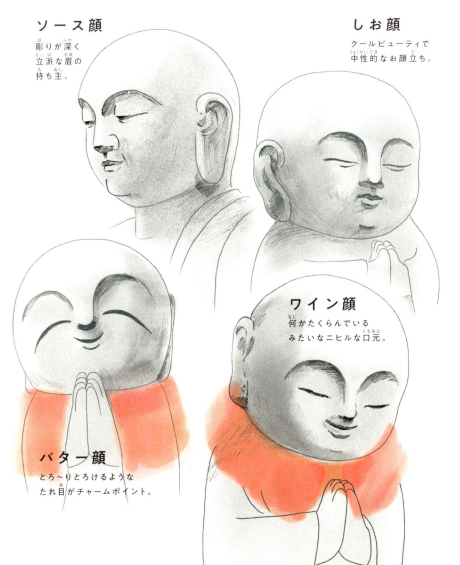

ソース顔
彫りが深く
立派な眉の
持ち主。

しお顔
クールビューティで
中性的なお顔立ち。

バター顔
とろ～りとろけるような
たれ目がチャームポイント。

ワイン顔
何かたくらんでいる
みたいなニヒルな口元。

おさんぽ
04
おまわりさん
[お巡りさん]

街の安全を守ってくれる、おまわりさん。
まわりの人にわからないように、
おまわりさんだけが使っている
ヒミツの言い方があるんです。
同じ言葉でも意味が違うなんて
おもしろいですね。

DATA
[正式名称] 警察官（けいさつかん）
警察に所属し、街の治安を守る人。街を巡回して、ケンカを収めたり泥棒を捕まえたりする。親しみの意味を込めて「おまわりさん」と呼ぶ。

おまわりさんの業界用語

おまわりさんが使っているヒミツの言葉を
ちょっとだけ教えちゃいます。

【アイチャン】
☞ スリのこと。

例文「祭りの日はアイチャンが出るから気をつけろ」

【歌う】
☞ 容疑者が自白すること。

例文「容疑者がとつぜん歌い出した」

【イヌ】
☞ スパイのこと。

例文「あいつはああ見えてイヌだ！」

【絵】
☞ 計画や作戦を立てるという意味。

例文「犯人は、我々の想像をはるかに超えるでかい絵を描いていた」

【ウカンムリ】
☞ 窃盗犯や空き巣のこと。

例文「あいつ、ウカンムリ何回くり返したら気が済むんだ！」

【オシドリ】
☞ 二人組のスリのこと。

例文「この街はオシドリがいっぱいいるな」

【泳がせる】
☞ 事件に関わる人物を捕まえずに監視すること。

例文「しっぽを出すまで泳がせておけ」

【ガイシャ】
☞ 被害者のこと。

例文「ガイシャは昨夜の9時に商店街をウロウロしているところを目撃されています」

【ガサ】
☞ 捜査のこと。

例文「どうやらガサの情報がマスコミに漏れているようです」

【蜘蛛】
☞ 泥棒のこと。

例文「去年できたタワマンにさっそく蜘蛛が出たと通報があった」

【黒】
☞ 犯人のこと。

例文「赤い服のヤツは十中八九、黒だ」

【ゲロ】
☞ 歌うと同じく、容疑者が自白すること。

例文「あいつめ、とうとうゲロったぞ」

【白】
☞ 無実であること。

例文「怪しいと思ったがフタを開けたら白だった」

【タタキ】
☞ 強盗のこと。

例文「カツオのやつ……タタキになんかなりやがって……」

【タレ】
☞ 被害届のこと。

例文「なぜだか今日はタレがたくさん届くな……」

【チャカ】
☞ 拳銃のこと。

例文「チャカをよこせ!」

【飛ぶ】
☞ 逃げること。

例文「次の日に飛ぶとは思いもよらなかった」

【ニンベン】
☞ 偽物のこと。

例文「ヤツらはニンベンを売る業者だ」

業界用語クイズ	Q. どんな意味があるでしょう？
	同じ意味のものを線で結んでね。

うさぎ●　　　●犯人

ほし●　　　●制服巡査

ゲソ●　　　●脱走犯

アヒル●　　　●足跡

A.

【うえき】=腕時計 /【ほし】=犯人 /【ケイ】=名前 /【ブツ】=刑務所
【ラジオ】=無銭飲食者 /【パンダ】=パトカー /【別荘】=刑務所
/【ハコ】=監獄 /【パトカー】=別荘 /【ハン】=交番

ラジオ •   • パトカー

パンダ •   • 無銭飲食

別荘 •   • 交番

ハコ •   • 刑務所

おさんぽ
05
おんぶ
[負んぶ]

おんぶは、昔はよく見かける光景でしたが、
近頃はだっこ派が
目立つようになってきました。
でも、やってみるとなんだか気持ちいい。
昔ながらの密着コミュニケーションを
深掘りしましょう。

DATA
ひとりの人物が、もうひとりの人物を背中に担ぐ行為。日本では平安時代からおんぶをする習慣があったが、欧米ではあまり見られない。

おんぶとだっこの違い
それぞれに、よいところがあります。

だっこ
向かい合わせでの密着は心地よいもの。表情もよく見えて欲求が伝わりやすく、安心感を与えられる特効薬です。

おんぶ
おんぶしてくれる人の背中のぬくもりは、癒し効果バツグン。ふたり同じ目線で、世界を見渡すこともできます。

ラクなおんぶのコツ
肩甲骨で支えるように、少し前傾姿勢で密着しておんぶすると重心がひとつになって背負うほうもラク！子どもをおんぶする場合、しがみつく力を養うこともできますよ！

おんぶの方言

「おんぶ」という表現、実は全国共通ではありません。
いろんな「おんぶ」の言いかたがあるんです。

せたらう（大阪）
「歩くのしんどいさかい
　せたらったろか？」
（訳）歩くのつらかったら、
　　　おんぶしてあげようか？

おんぶる（北海道）
「わらしっこがわらしっこおんぶるのって、
　めんこいなあ」
（訳）子どもが子どもを
　　　おんぶするのは、
　　　かわいいなあ

ぼんぼ（富山）
「まっでだやいから
　ぼんぼしてー」
（訳）とても疲れたから
　　　おんぶしてよ

おぶる（青森 津軽地方）
「わらしばおぶんねば
　泣いてまるべ」
（訳）赤ちゃんをおんぶしないと
　　　泣いてしまうよ

からう（佐賀）
「赤ちゃんおもたかろうけん
　からっちゃろか？」
（訳）赤ちゃんおもたいから
　　　おんぶしてあげようか？

おんぶさる（静岡）
「子どもおんぶさって
　場所ばっとくね」
（訳）子どもをおんぶして
　　　場所とりしておくね

ぱっぱ（三重 伊賀地方）
「ぱっぱしたろーか？」
（訳）おんぶしてあげようか？

しょう（鹿児島）
「もうだめだがよう、
　ちょっとしょってくれんけぇ？」
（訳）もう限界だから
　　　おんぶしてくれる？

おっぱ（和歌山）
「ほなおっぱやろうかね！」
（訳）それならおんぶして
　　　あげようか！

動物や虫のおんぶ

人間だけじゃありません。
動物や虫だっておんぶするんです。
見ているだけで、
ほのぼのしてきますね。

ワオキツネザル

マダガスカル島に住んでいる、キツネのような顔立ちが特徴のサル。赤ちゃんはとにかくお母さんにべったり。生後2〜3週間すると、お母さんの背中に乗って離れません。子育てするお母さんもタイヘンです。

カメ

カメがほかのカメの上に乗っかるのは、少しでもたくさんの日光を浴びるため。カメにとって、日光浴はとても大事。日光を浴びることで体温を調整し、体内にビタミンをつくり出すことができるのです。

カエル

仲よくおんぶ……ではなく、交尾中のカエル。繁殖期になると、重たそうにオスを背負いながら水面を泳ぐメスのカエルをよく見かけます。背中に乗せているのは赤ちゃんじゃなくて、お父さんだったんですね！

バッタ

「オンブバッタ」と言われるほど、よく見かけるバッタのおんぶ姿。これも交尾中のオスとメスで、オスはメスに逃げられないよう背中にしがみつきます。

カタツムリ

カタツムリは目の前の大きなものに乗っかる習性があります。ほかのカタツムリの殻にだって、よっこらせ。乗っかられたほうはたまったもんじゃありませんが、習性なのだからしかたない……。実は親子じゃないかもしれないんですね。

ワシとカラス

「疲れたなあ……あ、ちょうどいいところにワシさん発見。乗っけてもらいますか!」という感じでしょうか。実際、飛行中のワシやタカの上に、空中で着陸するカラスの姿がよく目撃されています。

クジラとイルカ

クジラの背中に乗って波乗りするイルカ……。なんともめずらしいこの光景は、ハワイの海で目撃されました。じゃれて遊んでいるところだと言われます。

おさんぽ 06
かばしら
[蚊柱]

おさんぽ中や自転車に乗っていると、ときどき遭遇してしまう蚊柱。知らないで突入してしまうと最悪ですが、この中には、あなたの知らない世界が広がっています。調べてみると見方がちょっと変わってきますよ。

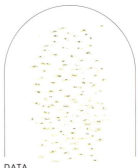

DATA
ユスリカの群れ。夕暮れ、電灯の下や水辺に群がっていることが多い。近寄ると頭の上にまとわりつき離れようとしてもくっついてくる、うっとうしい存在。

オスの触角は、ブラシのようにフサフサしている。

蚊のように（血を吸うための）針を持っていない。

4mm

Q. 蚊柱の正体は？
蚊柱とは、ユスリカという昆虫が集まった群れのこと。人間にまとわりついてふわふわ飛ぶ、そのうっとうしさは「蚊」にそっくりですが、蚊の仲間ではありません。人間を刺して血を吸ったりはしませんので、ご安心を。

Q. 群れは何匹いる？
ユスリカの種類や季節、場所によっていろいろ。数十匹のときもあれば、数万匹も集まって雲のように見えることも。

かばしらの群

Q. 群れが集まる場所は？
ユスリカは、ちょっと高いところが大好き。そのため、道を歩いている人間の頭にまとわりつくことが多いのです。そこから「頭虫」という別名で呼ばれることも。ほかにも、川や水たまりなど水辺に集まる習性があります。

Q. 群れが集まる時間は？
夏の暑い時期は朝と夕方、とくに夕暮れ時によく見かけます。寒い時期はお昼の時間帯に集まることが多いようです。

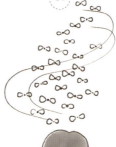

蚊柱を人間に置き換えた図

実は、群がっているユスリカのほとんどはオス。オスの集まりに一匹のメスが飛び込み、気に入った相手を選んで交尾するのです。その様子を人間に置き換えると一人の女性を複数の男性が取り合う、白熱した婚活パーティーのようなものです。

寿命が1日〜数日しかないユスリカ。子孫を残すべく、オスたちはみんな必死です。

オスはその発達した触角でメスを見つけ出すと、メスに向かって猛突進。結婚を申し込みます。

めでたくペア成立となったオスとメスは、ゆっくり落ちながら交尾します。地面に達するとお別れします。

おさんぽ 07
かめ
[亀]

みんなおさんぽが好きなように、
おさんぽが大好きなカメがいるそうです。
名前は、ボンちゃん。そこでボンちゃんについて
飼い主さんに取材させていただきました。
あなたのペットも、おさんぽに連れてってあげると
きっとよろこんでくれると思いますよ。

DATA ※ケヅメリクガメの場合
[分類] 爬虫綱カメ目リクガメ科リクガメ属
[寿命] 約30年
[睡眠時間] 約10時間
[体重] 35〜45kg
[体高] 約46cm

巨大亀 ボンちゃん

Q. おさんぽを始めたきっかけは？

ボンちゃんがおさんぽを始めたのは、かれこれ14年前。それまでの10年間、ずっとベランダ内で飼っていたのですが、あるときボンちゃんが狭そうにしていたので外に出してみたのがきっかけです。初めて外に出たとき、とくに人間に驚くこともなく悠々と歩き、立ち止まって雑草をむしゃむしゃ食べていましたね。今ではおさんぽが日課になっています。

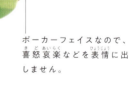

キャベツの葉っぱをむしゃむしゃ。

ポーカーフェイスなので、喜怒哀楽などを表情に出しません。

ボンちゃんDATA

- 【名前】ボンちゃん
- 【年齢】23歳
- 【出身地】アフリカ
- 【性別】男
- 【体重】85kg
- 【身長】1mぐらい（飼い始めた当時の身長は、わずか6cmほど）
- 【好物】りんご、バナナ
- 【性格】おとなしい（怒ることはほとんどない）
- 【顔】草食系イケメン（ほかの亀と比べてキリッとしている）
- 【趣味】散歩（納得するまで歩く）
- 【名前の由来】お盆の時期に出会ったことから

工芸品のような美しい甲羅。きれいの秘訣はたくさんおさんぽをして、日光を浴びることかも？

シャカシャカと爪が削れる音を鳴らしながら歩きます。岩のようなかっこいい足です。

Q. ボンちゃんとの出会いは？

23年前、奥さんがペットショップで見つけました。ボンちゃんと目と目が合い、ひとめぼれして飼うことに。

Q. おさんぽエピソードを教えてください。

おさんぽが好きすぎる

気が済むまで、おさんぽしたがるボンちゃん。満足していないと、すねて家の中に入ろうとしません。それでケンカになることもあります。

人間を乗せておさんぽできる

20kgぐらいまでなら、子どもや犬などの動物を乗せて歩くことができます。ただし、ボンちゃんと同じ亀だけは乗せるのをイヤがりますね。

おさんぽをジャマされると怒る

23年間の中で2回だけ、外国人にとおせんぼをされて怒ったことがあります。そのときは外国人に向かって突進し、ムリヤリ通ろうとしました。

ボンちゃんを見かけたら…

ボンちゃんは人間が好きで、はじめて会う人でも怖がりません。積極的にコミュニケーションを取ってみましょう。

16:00 ~ 17:00
（季節によって変わる）
おさんぽ

> おさんぽがしたくなると小屋をひっかき始める。

21:00
就寝

おさんぽ
08
きいろいくるま
[黄色い車]

街中でめったに見ない黄色い車に
遭遇したあなたはラッキーです！
あんまり出会わないので、
逆に、黄色い車はとても目立ちます。
その車が黄色であることには
何かヒミツがありそうです。

DATA
黄色は目立つ色とされ、人々の注意をうながして安全を守ったり、目立たせて存在をアピールしたりする場合によく使われる。看板や車、チラシ、子どものアイテムに多い。

いろんな黄色い車
よく見るあの乗りもの、なぜ、黄色いのでしょうか？

タクシー

アメリカ・ニューヨークの名物タクシーと言えば「イエローキャブ」。「遠くからでも目立つ色に」という理由から広まったと言われ、日本でも黄色を採用するタクシーがあります。

ショベルカー

安全第一の工事現場でも、黄色は大活躍。パッと目を引く黄色いショベルカーは、道を歩いている人や作業員さんの注意をうながすのにうってつけです。

幼稚園のバス

通園・通学の安全のため、通園バスには目立つようにあざやかな青やピンクのものもありますが、多いのはやっぱり黄色。子どものランドセルカバーや通学帽も黄色が多いですね。

高速道路のパトカー

高速道路の安全を守るため、交通の状態や天気の情報なども集めながら走る特殊車両。その目立つ黄色いボディは、高速道路を速く走る車の中からでもよく見えます。

---ちょっとより道---

新幹線「ドクターイエロー」

新幹線のお医者さんとして活躍するドクターイエローは、迫力満点の黄色いフォルムで子どもや鉄道ファンの間で人気者。めったにお目にかかれないので、見かけたら「幸運が訪れる」なんて言われています。

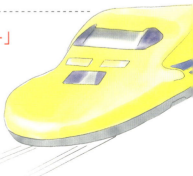

おさんぽ 09
きのみ
[木の実]

昔の日本人の想像力と器用さって、
教わることがたくさんあります。
道端に落っこちている木の実さえも、
立派に楽しめるおもちゃに変身！
自然と好奇心のコラボで遊んでみましょう。

DATA
木に実る果実やタネのこと。食べられるものと食べられないものがある。おさんぽ中によく見かけるものに、赤くて楕円形のグミの実や柿や梅などの果物、栗や松ぼっくりがある。

松ぼっくりの種類

松ぼっくりをよく見かけるのは10〜11月の寒くなってきた季節ですが、
一年中ひろえるものもあります。

クロマツ
約4〜6cmと、アカマツよりちょっと大きめ。たまご型をしています。

カラマツ
約2〜3cm。ヒダが反り返って、花のように優雅な形をしています。

アカマツ
クロマツとともに、街でよく見かける種類です。高さは約4〜5cm。

ゴヨウマツ
ヒダが分厚く、丸っこくてコロコロしているかわいらしい松ぼっくりです。

巨大松ぼっくり
大王松・実寸イメージ

マツ属の中で、もっとも長い葉を持つため「松の木の王さま」とも呼ばれる大王松。その実の高さも約15cm以上と立派。おさんぽ中に、一度はお目にかかりたい憧れの松ぼっくりです。

― ちょっとより道 ―

松ぼっくりを水につけるとしぼむ!?

ヒダとヒダの間にはタネがあります。タネには遠くまで飛ぶための羽がついていますが、羽がぬれたら飛べません。そのため、雨の日はぬれないようにギュッとしぼんでタネを守っているので、水につけるとしぼむのです。

木の実のおもちゃのつくりかた

どんぐりのコマ

① つまようじの上から約2cmのところを切り取ります。

② どんぐりの真ん中にキリを使って穴を開けます。

③ こんな感じです。

④ 開いた穴に、つまようじを刺します。

⑤ 完成です。クルクル回して遊びましょう。

どんぐりに色をぬるとコマを回したときにきれいです。

ツバキの実の笛

① 落ちているツバキの実の中にあるタネをひろいます。

② タネのつけ根の部分（とんがっている部分）をコンクリートで削り、穴を開けます。

③ こんな感じです。

④ 穴が開いたら、つまようじを使って中身を出します。

⑤ 完成です。穴に向かって勢いよく息を吹くと「ピー」と音がなります。

OSANPO 09 KINOMI

コロコロした形を生かして、おもちゃをつくりましょう。

松ぼっくりのけん玉 　　## ペットボトルマラカス

① 紙コップにキリを使って穴を開けます。

① 小さいどんぐりやタネをペットボトルの中に入れてマラカスにします。

小さい木の実はどんな音？

② タコ糸や毛糸を穴に通して結びます。

小さいどんぐりはどんな音？

③ 糸の先を松ぼっくりに結びます。

タネはどんな音？

④ 完成です。紙コップを持って、松ぼっくりを中に入れて遊びます。

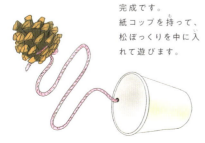

ヨーグルトのカップを2つ合わせたものでもいいですね。

おさんぽ
10
きんぱつ
[金髪]

日本人をはじめ、
アジア人の多くは生まれつき金髪が生えません。
つまり、金髪のアジア人は欧米人に憧れて
髪の毛を脱色したニセモノの金髪なのです。
さあ、想像してみましょう。
まだ見ぬ、金髪の世界。

DATA
金色を帯びた体毛のこと。メラニン色素が少ないと金髪になる。生まれつき金髪という人は非常に少なく、全人類の1.8%ほど。白人に見られる。

日本人がみんな金髪だったら……
小さな子からお年寄りまで、みんな金髪にしてみました。

おじいちゃんとおばあちゃん
なにやら囲碁を楽しんでいる仲よし老夫妻と言ったところでしょうか。ロマンスグレーな白髪が光り輝く金髪だったら……自然とリアクションがオーバーになってしまいそうですね。

\ワハハ／

オーマイガ！

4人家族

家族でおそろいの服を着ている光景は割と見かけますが、「髪の色をそろえる、しかも金髪で」とまでなると、一体感に加えてファンキー度が高まります。オジー・オズボーン一家もびっくり！かもしれません。

ちょっとより道
金髪は昔から人気？

古代ローマ時代の女性は、はとのフンなどでつくった薬剤を使い、髪の毛を脱色してブロンドにしていたそう。ルネサンス期のヴェネツィアの女性もまた、馬の尿を使ってブロンドに染めていたとか……。意地でも金髪にしたい欲を感じずにはいられないエピソードです。

あれは金髪？ 金髪の種類

ひと言でブロンドヘアと言っても、これだけ種類があります。

みんなのあこがれ

プラチナブロンド

ほとんど白に近い金。北欧の子どもに多いのですが、成長とともにブラウン系に変化してしまうので、おとなの白金はとても希少。

茶髪にもみえるけど〜

ダークブロンド

金髪と茶髪の中間くらいの色。パッと見は茶色ですが、太陽の光に当たるとキラッと金色に輝き、その美しさが目を引きます。

プリンヘアーじゃないよ

オンブレブロンド

オンブレとは、段階的に濃淡をつけてグラデーションにすること。つまり根元は暗いけれど、毛先に向かって明るい髪のことです。

いわゆる金髪

ハニーブロンド

名前のとおり、はちみつのような黄味がかった色で、まさにザ・ゴールドという感じ。バターブロンドとも言うようです。

かわいい名前

ストロベリーブロンド

天然ではとてもめずらしく、金髪と赤毛が混ざっています。淡い色味だとほんのりピンク色になって、かわいらしい印象です。

白髪じゃないよ？

シルバーブロンド

天然では、金髪より色素が薄いとシルバーになります。少し黄味がかっている白髪に対して、こちらは青味があってクールなイメージ。

おさんぽ 11
くものす
[蜘蛛の巣]

ついつい「クモの巣」と言っちゃってますが、正しくは「巣」じゃなくて「網」なんですって。見ためや毒が理由で、クモにはどうしても嫌われ者のイメージが定着してますが、この細い糸のパワーはおそるべきもの。見直しちゃいます！

DATA
獲物を捕らえるために、クモが自分で糸を出してつくる網のこと。糸はたんぱく質などの成分でできており、強度と伸度が非常に高い。

クモの巣（網）の種類

クモの種類によって、クモの巣もいろいろ。どんな形をしているのか、じっくり観察してみましょう。

円網
【対象】オニグモ、ゴミグモなど

いちばんノーマルで美しい形。中央から外に向かって、放射状に輪が広がるように糸が引かれています。よく見ると、うず巻き状にグルグルと張られているのがわかりますよ。

蹄型円網
【対象】ジョロウグモ

円網の一種ですが、上のほうがつながっていないタイプ。「へのへのもへじ」の「し」のような形をしています。馬の蹄の形にも似ていることから、このように呼ばれています。

不規則網

【対象】オオヒメグモなど

糸を複雑に張り合わせ、カゴのように立体的な巣をつくります。地面や壁に伸ばした糸の端に球状のねばねばしたものをつけて、獲物を捕らえます。階段の裏や塀など、いろんな場所で見かけます。

皿網

【対象】サラグモなど

縦や横に糸を重ねてつくった、薄いお皿のようなクモの巣。下にくぼんだ受け皿タイプ、水平に広がった浅いタイプ、お皿を伏せたようなタイプなど、形はさまざまです。

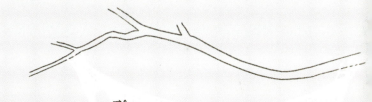

棚網

【対象】クサグモなど

木の枝先などに、糸を重ねた膜のような巣を水平に張ります。見ためは白いハンモックのようなもの。奥には通路があり、棚網が敵に襲われたらここから外へ逃げ出します。

円網のつくりかた

クモの巣の中で、いちばんシンプルな円網。
基本的に毎日、新しいものに張り替えられます。

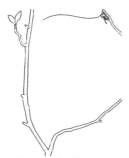

① 糸を出して、風に流します。

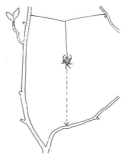

② どこかに糸が引っかかると、中央まで移動して下に降ります。

③ Y字型の縦糸をつくったら①の場所に戻ります。

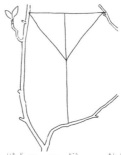

④ もう一度①と②を行って、足場となる枠糸と縦糸を追加します。

⑤ 中央から放射線状に糸を引っ張って固定します。

⑥ 粘りのない糸を中央から外に向かってうず巻き状に張ります。

クモの巣（網）の強さ

強くてがんじょうな巣をつくるには、強い糸が必要。
クモの糸の強さは、かなりのものです。

| 鋼鉄 | 【強度】高 【伸度】低 |

| 天然ゴム | 【強度】低 【伸度】高 |

| クモの糸 | 【強度】高 【伸度】高 |

※強度=強さ、伸度=伸びやかさ

糸（繊維）の強さは、「強度」と「伸度」によって測ることができます。つまり、強度と伸度が両方とも高いほど、がんじょうな糸（繊維）であるということ。たとえば、「鋼鉄」は強度が高いけれど伸度は低く（＝ほとんど伸びない）、「天然ゴム」は伸度が高いけれど強度は低い（＝もろい）のが特徴。強さと伸びやかさをあわせ持っているクモの糸は、最強の繊維といえるのです。

その強度をたとえるならば…

直径1cmのクモの糸があると想像してみてください。その糸で、直径500mの円網をつくった場合、なんと「飛んでいるジャンボジェット機を捕獲できる」くらいの強さなんです。

円網の制作時間

円網をつくるのにかかる時間は、だいたい30分から1時間ほど。棚網や不規則網など、複雑な形の巣をつくる場合はもっと時間がかかります。

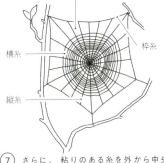

⑦ さらに、粘りのある糸を外から中央に向かって張れば完成です。

--- ちょっとより道 ---

円網の糸の役割って？

枠糸・縦糸・横糸の3つの糸で、円網はつくられています。枠糸は足場になる糸で、縦糸と合わせて網を支えています。粘りのある横糸は獲物を捕らえるのが役割。円網以外のほとんどの巣には、**粘りがありません。**

おさんぽ 12
こうえん
［公園］

公園は、だれでも好きなときに自由に、お友だちと思いっきり遊べる場所です。
公園によっては見たこともない遊具があるかもしれませんね。

DATA
憩いを目的として、街中につくられた公共施設。子どもの遊具が設けられることが多く、すべり台、ブランコ、シーソーなどが定番。砂場や噴水を設置しているところも多い。

公園のめずらしい遊具

むかしは定番だったのに、今はなくなりつつある遊具もたくさん。かなりハードで難易度の高いものもあります。

ロープタワー
体重を乗っけて、縄につかまりながらぐーるぐーると回転。勢いをつけすぎて、お友だちにぶつからないよう要注意。

はん登棒
棒によじ登るだけという、とても単純な遊具。でも、これで全身の筋力が鍛えられ、高いところへ上がる勇気まで身につくんです。

山型うんてい

棒にしがみつき、足ブラの状態で前へ前へ。その姿が、まるでサルのようだから「モンキーバー」とも呼ばれる遊具です。

ぶら下がり式シーソー

お友だちと協力しながら上下運動。高く上がったとき、体が飛ばされないように姿勢やバランスを調整するのがコツです。

回旋塔

ぐわんぐわんと揺れる傘型の器具にしがみつき、飛ばされないようにします。揺らせば揺らすほど大きく回転し、スリル満点。

弓型シーソー

だれも乗っていないときは宙ぶらりんという変わったタイプ。ふつうのシーソーよりラクに動かせるので現在、人気急上昇中です。

おさんぽ 13
コンビニ
[Convenience store]

少し歩けばコンビニに当たるというぐらいあちこちにあるから、おさんぽついでについつい立ち寄ってしまう存在。なんでも売っていて便利なホッとステーションですがいろんな楽しみかたってできるんですよね。

DATA
[正式名称] コンビニエンスストア
年中無休・長時間営業で食品や雑貨など、さまざまな品ものを扱っている店。コンビニエンスとは英語で「便利」という意味。

コンビニ MAP

店内のあらゆる場所に商品が置かれ、思わず財布のひもがゆるんでしまいます。

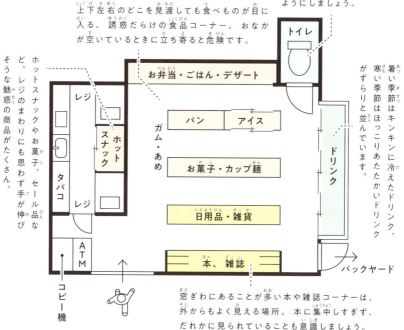

上下左右のどこを見渡しても食べものが目に入る、誘惑だらけの食品コーナー。おなかが空いているときに立ち寄ると危険です。

「急におなかが痛くなった」などの緊急時には、店員さんに必ず許可をもらってからトイレを使うようにしましょう。

暑い季節はキンキンに冷えたドリンク、寒い季節はほっこりあたたかいドリンクがずらりと並んでいます。

ホットスナックやお菓子、セール品などレジのまわりにも思わず手が伸びそうな魅惑の商品がたくさん。

窓ぎわにあることが多い本や雑誌コーナーは、外からもよく見える場所。本に集中しすぎず、だれかに見られていることも意識しましょう。

コンビニ内おさんぽプラン

のんびり満喫プラン
所要時間：50分

最速で到着できる雑誌コーナーでさっそく休けい。

本を眺めていると、なぜかトイレに行きたくなる超不思議現象に遭遇。奥のトイレへ駆け込む。

すっきりしたあとは、日用品・雑貨コーナーへ。ここでしか手に入らないアイテムをゲット！

長期滞在の疲れを癒やす甘いものを求めに、デザートコーナーへ。

まんぷくB級グルメめぐり
所要時間：20分

真っ先にお弁当コーナーへ行き、ごはんをゲット。

うしろにあるパンコーナーもチェック。デザートやドリンクも追加する。

シメにホットスナックを。冬なら、肉まんやおでんの誘惑も待っているので注意。

スイーツが決まったら、それに合う飲みものを探しにドリンクコーナーへ。

おいそぎショートコース
所要時間：3分

雑誌コーナーを横目に通過し、店内奥のドリンクコーナーへ進む。

デザートコーナーを尻目に、さらに無限に続く誘惑に耐えながらレジへ直行。よそ見するのは厳禁。

休けいコーナーがある場合は少し休んでお店を出よう！

レジへの最短距離と思われるお菓子コーナーを通りながら、お菓子の新商品をチェックする。

コンビニ注意事項

人が集まるコンビニでは
思わぬ事態に遭遇しがちです。

ヘルメットを被って入店してはいけません。

急いでいるからなのか、そもそも被っていることを忘れたのか、ヘルメットを被ったままお店に入ってしまうと強盗と勘違いされ、まわりの人をおどろかせてしまいます。

ドリンクとドリンクの間に人がいるときがあります。

ドリンクコーナーの裏では、店員さんがドリンクの補充作業をしていることがあります。裏にいる店員さんと目が合うとちょっと気まずくなるので、ドリンクを取るときは要注意。

ビニール傘を傘立てに入れると自分のものがどれかわからなくなります。

雨の日は入り口の傘立てがビニール傘でギュウギュウになりがち。壊れかけのショボ傘と勝手に物々交換されないように、自分のビニール傘には名前を書きましょう。

ラフすぎる格好の人がいてもジロジロ見てはいけません。

「牛乳がなくなったから、ちょっと買ってくる！」というおばちゃんや、勉強をさぼり中の学生、夫婦ゲンカで家から追い出されたおとうさん……コンビニには、気がゆるんだ普段着のご近所さんもよく出没します。

おつりをもらうときに手をにぎられることがあります。

おばちゃん店員の中には、おつりが落ちないように手をぎゅっと支えておつりを渡してくれる人もいます。一瞬ドキッとしますが、おばちゃんの手のぬくもりには意外な癒やし効果が。

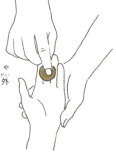

トイレを借りたら、なにか買ってお礼をすると気まずくなくなります。

コンビニでトイレを借りて、なにも買わずに出ていくというのは、なんとなくもうしわけない気がするものです。お礼の気持ちを込めて、ドリンクやガムなどを買うと、うしろめたさも消えるでしょう。

機械オンチな人が行列をつくりがちです。

ATMやチケット販売機は便利な反面、使いなれていない人や機械オンチの人にとっては、操作が難しい場合も。手伝ってあげるわけにもいかず、だまって見守るしかありません。

トイレを借りたとき 買うものランキング

みなさんはトイレを借りたとき、どんなものを買っているのでしょうか？

1位 買わない

堂々たる1位は「買わない」でした。意外と図太く生きている人、多いんですね。

2位 水

実質上の1位は水。さすが、人の体の80％は水分でできているからでしょうか。

3位 ガム・タブレット

小さくて荷物にならないところがポイント？

4位 お茶などの飲みもの

水と同じく出したら入れたくなる衝動なのでしょうか？

5位 お菓子、そのときに必要なもの

とりあえずね、とりあえず。

6位 豆乳、飴、タバコ、ウコン、ビタミン飲料、夏ならアイス、冬なら肉まん

以上、マイノリティたちの意見でした。

おさんぽ 14
サラリーマン
[Salaryman]

この国には、サラリーマンである人がたくさんいます。実はサラリーマンは、スーツという服を着ている間だけいわゆるサラリーマンと呼べる行動をしています。不思議なサラリーマンの生態をウォッチングしてみました。

DATA
「salary（＝給料）」と「man（＝人）」をかけ合わせた和製英語。男女問わず働く人、とくに会社に勤めている人のことを指す。英語では会社員のことを「Office Worker」という。

サラリーマンの出没時間

サラリーマンはある一定の時間帯に増殖する傾向があります。

朝7時～9時ぐらい

会社へとまっしぐらに進むサラリーマンたち。足取りが重たく、ゆううつな顔をした人もちらほら。

愛するわが子を保育園に送り届けてから会社へ。イクメンサラリーマンは大忙しです。

夕方6時～8時ぐらい

Zzz……電車に揺られながら、いねむりする人も。お疲れモードなので、そっとしてあげましょう。

夜の飲み屋街にくり出す彼らは一見、楽しそうですがボスにむりやりつき合わされている場合も。

サラリーマンの生態

彼らが好んで着用する服や持ちものを見てみましょう。

ヘアースタイル

「デキるおとな」を演出するために手は抜けません。

- 7:3
- 角刈り
- オールバック

好きな飲みもの

 栄養ドリンク
もういっちょがんばるときに。

 缶コーヒー
コーヒーはもちろんブラックで。

缶ビール
第三のビールを好みます。

スーツキホン

背広、ネクタイ、ワイシャツ、スラックスのスタイルが常識。ただし、夏ばっかりはクールビズスタイルを採用。

 背広なし
 ネクタイなし
 アロハシャツ

省エネルック

かつて、「半そで背広＋ハーフスラックス」という熱帯国のスタイルを取り入れたこともありました。当時の政治家が着用をうながしましたが、ほとんど普及しなかったようです。OMG……。

サラリーマンの七つ道具

手帳
大事なことはすかさずメモりたい。

うで時計
タイムスケジュールは命よりも大事？

万年筆
上等な万年筆を使って見栄を張ります。

名刺入れ
あいさつするときの必須アイテム。

ハンカチ＆ティッシュ
汗が出たらクールにふき取りたい。

胃薬
ストレスで胃がやられることが多いのです。

携帯電話
これなしには生きられません。

サボリーマンの三大聖地

彼らにとって最高の息抜きになる場所があります。

漫画喫茶
ちょっとおさぼりしたいとき、ヒマなときに時間をつぶすのに最適です。

公園
ベンチで読書？と思いきや、寝ている人多発地帯。

喫煙所
タバコを愛するサラリーマンにとって極楽のひとときを過ごせる場所です。

忙しい人が好む場所
立ち食い店

「忙しくて昼メシに時間を費やすのがもったいない」という人は、ここへ。

- ちょっとより道 -

そもそも…… サラリーってなに？

salary：塩

給料を意味する英語「salary」の語源は、塩を意味するラテン語「salarium（サラリウム）」に由来します。なぜ、「塩」なのでしょうか？ラテン語が使われていた古代ローマ時代、長期保存ができる塩は、生活に欠かせない貴重なものでした。当時の兵士たちは、その貴重な塩を買うために給料を稼いでいたのです。そんな時代背景から「salary」という言葉が生まれたのですね。

サラリーマンのしょっぱい習性

「塩」が語源のサラリーマン。よく観察してみると、キレッキレにかっこいいというよりは、顔をしかめるようなしょっぱい習性がありますね。どれだけしょっぱいかを塩分濃度で表現してみました。

塩分 20%

エアぺこり
電話の向こうの人に謝っていると思われますが、まわりから見ると一人芝居。相手が見えないから余計に目立ちますよね。

塩分 40%

お見送り地蔵
タクシーに乗った上司が見えなくなるまでお辞儀。石のように静止したその様子は、まさにお地蔵さん。エレベーターにも出現率が高いです。

塩分 60%

傘ゴルフ
ゴルフクラブの代わりに、傘でスウィングのフォームチェック。ちょっと滑稽なありさまです。野球バットの代わりに傘で素振りする人は見かけないですね。

塩分 80%

まどミラー
電車の窓の反射を利用して、髪型の入念なセッティング。意識も塩分も高いですね。

もっと詳しく

丹念にセットされたデコ立ち上げ横流しの前髪。

首を軽くおおうほどの立ち襟。

ピエロ並みのトンガリ靴。

おさんぽ 15
さんかくの ひょうしき
[三角の標識]

標識は、その場所の情報が詰まった街のサイン。
ただ突っ立っているわけじゃなく、
それぞれいろんなことを教えてくれているんです。
よく見てみると、カタチにも、色にも
意味があるんですね。

DATA
[正式名称] 交通標識（道路標識）
道を歩く人や車を運転する人に対して注意をうながしたり、何かを禁止したりするために立てられた表示板。表示にはしたがわないといけない。

標識の常識

交通標識はいくつかの種類に分けられます。
ベーシックなものを見てみましょう。

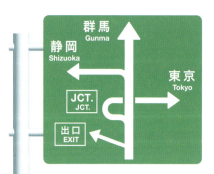

【案内標識】
現在地や目的地の方向、距離、パーキングなどの場所を案内してくれるもの。とくに、車を運転する人にとってはかかすことのできない情報です。

[色] ■と□の組み合わせが多い。

【規制標識】
その道を通ることを禁止したり、制限したりするもの。

[色] ■と■と□の組み合わせが多い。

カタチの秘密
標識のカタチには、それぞれ理由があります。

四角形

不安定

安定

安定感があって面積も広い正方形や長方形は、「案内標識」「指示標識」に最適。逆に、グラグラしそうで不安定なひし形は「警戒標識」に使われます。

三角形

不安定

ひし形よりも、もっと不安定な逆三角形。目立つ赤色と組み合わせて、「規制標識」の中でもとくに重要な「止まれ」と「徐行」のみに使われています。三角形だと背景と同化しないよう目立たせることができます。

円形

実際よりも大きく見える円形。そのため、「規制標識」の中でも禁止や規制を伝えるものに使われます。街中の広告や看板は角のある形が多い中、丸いものは目立ちます。

五角形

「横断歩道」や「自転車横断帯」など歩行者を守るための「指示標識」には、特別な五角形が用いられています。

【警戒標識】
運転中、気をつけたい場所や状態を知らせて、運転の速度を落としたり注意して運転したりするようにうながすもの。

［色］■と■の組み合わせが多い。

【指示標識】
ある交通方法ができることを示したり、通行する上で守る必要のあることを指示したりするもの。

［色］■と□の組み合わせが多い。

標識クイズ

Q. どんな意味があるでしょう？

①

②

③

④

⑤

⑥ (学校、幼稚園、保育所等あり)

A.

① 車両進入禁止（規制標識）
車や自転車が一定の方向に進むことを禁止します。反対方向からの進入はOKです。

② 車両通行止め（規制標識）
車や自転車は、この道を通ることができません（工事現場や歩行者天国に多い）。

③ 路面凹凸あり（警戒標識）
この先の道路がデコボコしていて危ないので、気をつけて運転してください。

④ 安全地帯（指示標識）
歩行者の安全地帯なので、車は通ることができません（路面電車の停留所に多い）。

⑤ 並進可（指示標識）
この道は自転車が2台まで並んで通ることができます（サイクリングロードに多い）。

⑥ 学校、幼稚園、保育所等あり（警戒標識）
この先に学校や幼稚園、保育所があるので、子どもの飛び出しに注意してください。

あったらいいな標識

もしも、こんな標識があったら便利かもしれません。

怖い犬に注意

近くに怖い犬を飼っている家があります。
よく吠えるので要注意。

ワープ（近道）

◯メートル先までワープできるので、
お急ぎの方はこちらへどうぞ。

"映え"スポット

撮影するのにうってつけの場所です。
歩行者の迷惑にならないよう撮影しましょう。

おばけに注意

夜になるとおばけがよく出るので、
小さいお子さんや霊感の強い方は注意を。

パンチラ注意

風がよく巻き起こります。
スカートをお召しの方は気をつけてください。

UFO出現場所

UFOがよく目撃される場所です。
連れ去りに注意してください。

おさんぽ 16
じてんしゃ
[自転車]

おさんぽコースを広げてみるのに
自転車はけっこう使えます。
いつもよりスタート地点を遠くに設定する
だけで見えてくるものも、
景色も、発見するものも違ってきます。
乗れるようになるとアレンジも楽しくなりますね。

DATA
ペダルを足で踏むことで車輪に動力を伝えて回転させ、前進する乗りもの。サドルにまたがってハンドルを両手で持ち、バランスを保ったり進む方向を変えたりすることができる。

乗りかた練習のコツ

「自転車に乗れる」のは、おとなへの第一歩。
うまく乗れるようになるコツをご紹介しましょう。

① 見本を見て理解する

まずは、お手本を見せましょう。自転車のまたがりかたやペダルのこぎかたはもちろん、練習のしかたも見本を見せてあげます。口で説明するより目で見るほうがわかりやすく、覚えやすいはずです。

② ペダルを外して乗る

自転車に乗るのに必要なバランス感覚をつかむため、ペダルを外して乗りましょう。ハンドルをギュッとにぎり、両足で地面をけって「前に進む」ことを覚えます。地面を3〜5回けって両足を浮かせ、自転車が止まるまで前進。これをくり返して長い時間、足を浮かせられるようになれば合格です。

フォーム

同じ自転車でも、サドルやハンドルの高さによって見ためも乗りやすさもだいぶ違ってきます。

レーサー乗り

前傾姿勢で上体を伏せた乗りかた。風を切って早く走れそうです。マウンテンバイクと相性よし。

ヤンキー乗り

某バイクに乗っているかのようなフォーム。こぐとき足をガニ股にすると、なおよし。

おくさま乗り

上体を起こした姿勢のいい乗りかたは、スイスイと優雅な印象を与えられます。ママチャリが似合います。

③ 坂道で練習する

バランス感覚がつかめれば、いざペダルをつけて練習を。この「ペダルを踏む」というのが、初めての人にとってはハードル高め。思うように踏めずカラ回りしたり、足に当たって痛い思いをしたり……。そこで、まずは前に進みやすい坂道でペダルを踏み込む練習をするのがおすすめです。

④ 荷台は支えるくらいに

自転車の練習をするとき、指導する人が荷台を押してあげることも多いのですが、サポートのしすぎはかえって逆効果。「支えられている」という安心感がジャマをして、自分で前に進もうとしなくなってしまいます。荷台はちょっと手をそえて、支えるくらいにしましょう。

新しい発想のコンセプト・バイセコー

東京サイクルデザイン専門学校の学生さんによる卒業制作。
ふつうとはちょっと違う、おもしろ自転車がたくさんです。

なんだこれ？
curious

【車種】ピストバイク
【制作者】中臺充男

「奇抜な」（curious）というネーミングのとおり、グニャグニャと細いパイプがからみ合った不思議なデザインで、思わず二度見してしまいます。重たい人が乗ると、パイプがポキッと折れてしまいそうですが、強度の面も考えられています。この複雑なデザインのおかげで、フレームを塗るのにふつうの自転車の3倍、お金がかかったとか……。

イクメンのための
PAPA-CHARI

【車種】パパチャリ（子供乗せ自転車）
【制作者】金 榮完

子どもだけでなく、子ども用の自転車も一緒に乗せて走れるように開発されました。重さにたえられるよう、太いパイプを使ってじょうぶなフレームに仕上げています。これさえあれば道幅の狭い地域に住んでいる家族でも、公園などの安全で広い場所に移動して、親子でサイクリングを楽しむことができますね。

女性を美しく見せる
S-CART

【車種】婦人用自転車
【制作者】横溝志郎

「自転車に乗る女性をきれいに見せること」が、コンセプト。乗ったときにスッと垂直になって美しい姿勢が保てるポジション設定、前から見たときにその美しい姿がさえぎることなく見られるデザインがポイント。ハンドルや支柱もキラキラ輝くメッキ仕上がりで、女性の美しさをさらに引き立ててくれます。

リクライニングチャリ
FUKAMI

【車種】Recumbent bike
【制作者】上原悠暉

もたれるように座りながら自転車を走らせる、なんとも優雅な見ため。背もたれに仰向けになり、足を前に出してペダルをこぎます。体を左右にひねることでシートに固定されたハンドルを動かし、進む方向を調整することが可能。実際、動かすのはちょっと難しいので上級者向けです。

おさんぽ
17
じどう はんばいき
[自動販売機]

ものを手軽に売ってくれる自動販売機。
日本は自動販売機王国と言っても過言では
ないくらいそこらじゅうに設置されています。
私たちの生活がとても便利なのは、
自動販売機のおかげでもあるのですね。

DATA
[略称] 自販機（じはんき）
貨幣を投入し、自動的に商品を購入できる機械。世界最古のものは古代エジプトで聖水を売っていた装置とされる。現在ではドリンクをはじめ、さまざまなものを手に入れることができる。

真っ暗な夜道を明るく照らしてくれる自動販売機。光にさそわれて、ついでに何か飲みものを買いたくなります。

雨にもさびず
風にも倒れず
夏の暑い日でも
冬の寒い日でも

寒くて手がかじかむ冬の日、あったか〜い缶が身も心も温めてくれます。

人気のない
真夜中でも
いつも飲みものを
売ってくれる

暑くてノドがカラカラの真夏日、ペットボトルが身も心もうるおしてくれます。

こんなものまで自販機で買えます。

おさんぽ 18
しょうがっこう
[小学校]

小学校は親元を離れて初めてひとりで、いろんなことを学ぶ場所です。ここで学ぶことは大人になったときに役立つことばかりですが、今しかやれないことも多いかもしれません。大人になったらなかなかやれないこと、集めてみました。

DATA
[役割] 義務教育を行うこと
[初設置] 1873年1月15日
[修業年限] 6年
[在籍者] 満6〜12歳

小学校で習う [号令]

体育の授業でかならず習う集団行動。点呼を取るときに役立つだけでなく、協調性が身につくとも言われます。

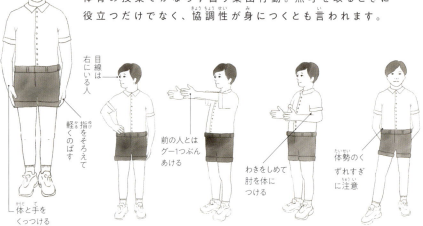

気をつけ！
左右のかかとをつけ、つま先を自然に開きます。顎を引いてまっすぐ正面を見ましょう。

右へならえ！
右手を腰にあてて肘を真横に張り、首を右へひねります。背筋はまっすぐ。

前へならえ！
肩の高さまで両手を上げ、腕をまっすぐ伸ばします。目線は前の人の頭に。

ちいさく前へならえ！
肘を90度曲げて、前の人との距離をつめます。このときも目線は前の人の頭に。

やすめ！
左足を肩幅くらいに開き、両手はうしろで軽く組みます。おしゃべりしてはいけません。

ちょっとより道 --------------------------------

給食の絶品メニュー

冷凍みかん

キーンとした冷たさが、甘みに付加価値をプラス。少しだけ時間をおいて、ちょっと溶けかけた頃がより絶品。

コッペパン

そのまま食べてもよし、穴をあけてジャムを仕込んでもよし。やきそばも一緒に出てきたら、絶対にはさんで食べたい。

揚げパン

ジャリジャリの砂糖がおしげもなくまぶされているが、かじるたびにポロポロ落ちるので要注意。だが、そこもまた乙。

鯨の竜田揚げ

噛むと顎が疲れるほどの硬さ。だが噛めば噛むほど醤油の味が染み出るから、もう永遠に噛んでいたくなる。

ソフト麺

茹でたての麺には到底マネできない食感が魅力。もはやコシがあるなしの次元ではない、オンリーワンな存在。

牛乳

カレーにもラーメンにも唐揚げにも牛乳。みんなしてそんなマリアージュを楽しめるのは、給食だけだろう。

「まわれー、右！」のステップ

① 気をつけの姿勢をします。

② 右足を半歩うしろに引きます。

③ 両足のかかとを軸に180度、時計まわりに回転します。

④ 右足を左足にそろえます。

昔から定番だった小学生の遊び

今のようにゲーム機が各家庭に行きわたっていなかった時代、小学生はこんな遊びをしていました。

登下校中のゲーム

グリコ

遊びかた
① 階段でじゃんけんをする。
② 勝った人が階段を登る。
③ いちばん先に階段を登りきった人が勝ち。

ポイント
- ✊「グリコ」と言いながら、3つ上がる。
- ✌「チョコレイト」と言いながら、6つ上がる。
  ※「チョコレート」ではなく「チョコレイト」
- 🖐「パイナツプル」と言いながら、6つ上がる。
  ※「パイナップル」ではなく「パイナツプル」
- 登る階段の数は、じゃんけんで勝ったときに出した手の形によって異なる。
- 「グ・リ・コ」と一音ずつ、元気よく発声しながら登ること。

ランドセルじゃんけん

遊びかた
① じゃんけんをする。
② 負けた人が、勝った人のランドセルも持って歩く。

ポイント
- ランドセルを持つ距離は「次の電柱まで」などと決めて、その地点に着いたらまた、じゃんけんをしてランドセルを持つ人を決める。
- 参加人数が多くなるほど、負けたときのリスクが増えてスリルも満点。

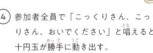

雨の日のゲーム

こっくりさん

遊びかた
① 紙にえんぴつで、鳥居の絵や「はい」「いいえ」の文字、五十音表を書く。
② 紙の上に十円玉を置く。
③ 参加者全員が十円玉に人差し指を重ねて乗せる。
④ 参加者全員で「こっくりさん、こっくりさん、おいでください」と唱えると、十円玉が勝手に動き出す。
⑤ 「A君が好きな子はだれ?」などと質問すると、こっくりさんが十円玉を動かして答えてくれる。

ポイント
- 途中で手を離したり、最後にお礼を言い忘れたりすると、こっくりさんを怒らせてしまうので注意。

地方別グーパーの掛け声!!

グーパーとは?……多人数をグループ分けする方法のひとつ。
参加者はじゃんけんの手であるグーとパーのいずれかを出し、同じ手を出したもの同士を同じ組とすることにより2組に分ける。

こんなにも掛け声があるなんて

中部の主流
- 「グッとパでそろい」
- 「グッパで合わせ」

変わり種
- 「グーキーグーキーおっとも～やっす」(石川県金沢市)
- 「ドーロンパ」(富山県射水市)
- 「グーパだよ」(静岡県伊豆の国市)
- 「ぐとぱのおーたーま」(福井県北部)

北海道・東北の主流
- 「グーとチーで合った人」
- 「グッチーグッチーグッチッチ」

変わり種
- 「グーロッパ」(福島県郡山市)
- 「パンチョス」(宮城県仙台市)

中国・四国の主流
- 「グーとパーで分かれましょ」
- 「グーとパーで始めましょ」
- 「グッパーしましょ」

変わり種
- 「ぐっぱっぱ・ぐっぴっぱ」(高知県高知市)
- 「グッパーデパ」(高知県安芸市)
- 「ほいほい」(広島県広島市)

九州の主流
基本は中国・四国と同じようなもの。手の平と甲を回転させながら「裏か表の文句なし!」と歌って同じ側を出した人同士がグループになるという分かれかたもある。

沖縄の主流
- 「しろくろ」(九州と同じく手の平と甲を使う)

近畿の主流
- 「グットッパ」

変わり種
- 「グットッパでホイ」(兵庫県姫路市)
- 「ぐっぱーぐっぱーぐっぱでほい」(三重県津市)
- 「ぐっぱでほい」(大阪府東大阪市)
- 「アイラッセ」(兵庫県宝塚市)
- 「いんじゃんほい」(兵庫県神戸市)
- 「グッパーッパー」(兵庫県神戸市)

関東の主流
- 「グッパージャス」
- 「グッとパーでわかれましょう」
- 「グットッパ」

変わり種
- 「グッパグッパグッパッパ」(群馬県)
- 「グッパーグッパーグーグーパッ」(神奈川県川崎市)
- 「グッパーグッパーグッパージャン」(東京都江戸川区)

おさんぽ
19
しんせつ
[親切]

だれかさんが助かることを探してみよう。
しんせつって、相手の身になって、
その人のために何かをすること。
それってきっと、
自分のためでもあるかもしれません。
さあ、今すぐレッツしんせつ。

DATA
思いやりの心を持って、相手のために行動すること。アメリカのイェール大学の実験によると、「だれかに親切にすると自分の心が満たされる（幸福度が上がる）」という結果が出ている。

How To SHINSETSU

困っている人を見かけたら
声をかけて、助け舟を出してあげましょう。
※ただし怪しい人もいるので気をつけて。

1. 重そうな荷物を持っている人がいたら？
「お手伝いしましょうか？」

買いもの袋を両手いっぱいに持って
重たそうにしていたら、荷物運びを
お手伝いするとよろこんでもらえるはず。

2. 迷子の子どもがいたら？
「どうしたの？」
「おかあさん、いなくなっちゃったの？」

子どもが泣いていたら、
子どもと同じ目線になるように
しゃがんで優しく話しかけてあげましょう。

3. 道に迷ってる外国人がいたら？

「こんにちは！　どうなさいましたか？」
外国語で聞いてみましょう。「まっすぐ」「右」「左」
などの外国語も覚えておくと便利です。

英語
「Hi!」
（こんにちは！）
「May I help you?」
（どうなさいました？）

中国語
「您好！」
「发生了什么事？」

フランス語
「Bonjour!」
「Qu'est-ce qui se passe?」

韓国語
「안녕하세요!」
「웬일이에요?」

おさんぽ 20
すずめ
[雀]

昔から、人間にとっていちばん身近な鳥なのに
実は、あんまりよく知られていません。
はずかしがり屋さんなのか、
人間が近づくと、すぐに逃げちゃいます。
いったいどんな暮らしをしているのでしょうか。

DATA
[分類] スズメ目スズメ科スズメ属
[寿命] 1年～数年（保護下では10年）
[体重] 18～27g
[全長] 14～15cm
[食事] 植物の種子や虫

スズメの正面顔
体毛は茶色と白のハーフハーフ。
左右のほほに入っている黒斑がチャームポイントです。

スズメは人間がお好き？

「人間がいるところにスズメがいる」
と言われるほど、お互いに近しい存在です。

スズメのお宿

スズメは人気のない山奥や廃村、田んぼのないところにはいません。人間が住む家の屋根などに好んで巣をつくります。最近はコンクリート建てなど巣をつくりづらい家が増えているため、スズメの数も減っているとか。

スズメの巣づくり・DATA
【つくる時期】冬以外
【巣の材料】イネ科の植物、猫や犬の毛
※スズメバチの古巣を利用することもある。

スズメは幸せを呼ぶ？

昔から、スズメは「吉鳥」とされ、家内安全や繁栄の象徴でした。そんなスズメが家に巣をつくると、「縁起がいい」と人々はよろこんだのです。もし、あなたの家にスズメが巣をつくったら、何かよいことが起きるかもしれません。

スズメはかしこい

小さいスズメは、カラスやヘビなどに襲われがち。だからこそ、自分やヒナの身を守るため、人間の近くに生息するとも言われます。人間が出すゴミを目当てに、人家に近づくことも。

スズメの一日

スズメの暮らしを、ちょっと観察してみましょう。

起床・さえずり

ちゅんちゅん……朝、聞こえてくるスズメのさえずり。実はこれ、オスがメスにプロポーズしているときの鳴き声なんです。春の季節になるとスズメは繁殖期を迎え、ちゅんちゅんとかわいい声を響かせます。

砂遊び

スズメは、砂遊びが大好き。砂に体をこすりつけ、羽根についた汚れを落とすのが目的です。砂場に穴を掘り、そこにすっぽり入って羽根をゴシゴシ。羽根をぬらして水遊びするのも好きです。

世間話

スズメは集団行動がキホン。そのため、ちゅんちゅんとよく鳴いてコミュニケーションを取り合います。おそろしい敵が近づいたときはジュクジュクと鳴いて、仲間に危険を知らせます。

飯さがし

スズメのお食事タイムは、人間のように決まっていません。子育て中はヒナにごはんをあげるため、一日中、食べものをさがして飛びまわり大忙しです。

飯

大好物は穀物。イネ科やタデ科の小さいタネはもちろん、くだもののタネや米、パンくずも食べます。ヒナは栄養価の高い虫類を親すずめに取ってきてもらいます。

群翔

敵に襲われないよう、飛ぶときもみんな一緒。20つがい以上で一緒に飛ぶことが多いようです。日中の暑い時間帯、風や雨が強いときは木陰でギュウギュウになって、ひとやすみ。

就寝

やぶやしげみの中で、枝にとまって寝るのが基本スタイル。寝ても落ちないよう、自然と足の指がギュッと枝をつかめるようになっています。寝るときも、みんな集まって一緒です。

21 おさんぽ
ティッシュくばり
[ティッシュ配り]

ティッシュくばりはよく見る風景ですが、
日本独特で海外ではまずありません。
日々進化し続けて、くばりかたも
どんどん多様化しています。
よく見てみるとスタイルはさまざまなんですね。

DATA
企業や店の広告をポケットティッシュに忍ばせ、不特定多数の人にくばること。多くの場合、アルバイトスタッフによって行われ、駅前や繁華街など人がたくさん集まる場所で見られる。

スタイル別・持ちかた
いかに多くのティッシュをくばれるか、
それにすべてを賭けています。

トランプ持ち
マジシャン風にティッシュを持って、相手に選ばせる手法。これで「ティッシュを受け取らない」という選択肢を相手に与えません。

10個持ち
とにかく大量のティッシュをだれ彼かまわず差し出し、一気にくばる作戦。左右の手で持てば、20個はいけちゃいます。

ショットガン持ち
指と指の間にはさんで、秒速で差し出す方法。絶妙なタイミングと位置取りで差し出せるので、狙いをさだめた相手を逃しません。

スタイル別・くばりかた

指先だけじゃなく、
全身を使ったおもしろい渡しかたもあります。

ロミオ渡し

「おお、ジュリエット!!」と言わんばかりのドラマティックな渡しかたに、相手も思わず手が伸びることでしょう。

標識ポールダンス

標識を使ってクルクル回りながらの「(ティッシュ)どうぞ〜」は、注目度もバツグンです。

ふり向きざま渡し

別の方向を見ていると相手に思わせ、スキを与えて瞬時にふり向き、すかさず渡します。

リンボーダンス

体をそらせつつ相手との距離をジワジワと詰めます。ティッシュは両手で持つとサマになります。

反重力渡し

マイケル・ジャクソンさながらの渡しかたは、あまりの斬新さゆえに高確率で度肝を抜けることでしょう。

P字渡し

体幹を鍛えていないとできない方法ですが、こちらもみんなの注目の的です。

おさんぽ 22
でんわ
[電話]

携帯電話の普及によって使用する人が減ってきている公衆電話ですが、災害などの緊急事態での活躍はめざましく、これからもその必要性は変わりません。しかし、使いかたを知らない人もいると聞くので使いかたをちゃんとレクチャーしたいと思います。

DATA
[正式名称] 公衆電話
だれでも利用できる公共の電話機。硬貨またはテレホンカードと呼ばれる専用カードを投入すると使用できる。市街地の通りのほか、鉄道駅の構内など公共施設に置かれることが多い。

公衆電話に宿る思い出たち

昔はたくさんの人が利用するインフラだった公衆電話。そこには、数々のエピソードが宿ってます。

好きな人に電話

携帯電話を持っている人が少なかった時代。家の電話だと家族に聞こえちゃうので「好きな人との甘い会話や愛の告白は公衆電話で」という人が多かったようです。

―― ちょっとより道 ――

恋人との長電話は"深夜・早朝"がお得！

好きな人との電話はどうしても長くなっちゃって通話料金が……という人にとって、お得な裏ワザ。それは、深夜・早朝（午後11時～午前8時）に電話すること。昼夜間の通話時間は10円で約1分ですが、深夜・早朝は10円で約80秒と、20秒も長くお話しできちゃうんです！ 深夜や早朝、こっそり家を抜け出して恋人に電話していたという人もいるのでは？

※発信先の電話種別（携帯電話等）や距離などによっても通話できる時間は変動します。最新の情報はNTT東日本・NTT西日本のHPをご確認ください。

---- ちょっとより道 ----

公衆電話でメール送信できます！

公衆電話からNTTドコモのフィーチャーフォンまたはスマートフォンに、メール（SMS）を送ることができるって知っていましたか？　方法はとてもカンタン。

① 090-310-1655へダイヤルする。
② 相手先の電話番号を入力する。
③ メッセージの内容をポケベル入力する。

ちなみに、このメール送信は公衆電話だけでなく、家庭用の固定電話でも可能。携帯電話でのコミュニケーションに飽きたならば、ちょっと趣向を変えて公衆電話からメッセージを送ってみてもいいかもしれません。

		2桁目								
		1	2	3	4	5	6	7	8	9	0
1桁目	1	ア	イ	ウ	エ	オ	A	B	C	D	E
	2	カ	キ	ク	ケ	コ	F	G	H	I	J
	3	サ	シ	ス	セ	ソ	K	L	M	N	O
	4	タ	チ	ツ	テ	ト	P	Q	R	S	T
	5	ナ	ニ	ヌ	ネ	ノ	U	V	W	X	Y
	6	ハ	ヒ	フ	ヘ	ホ	Z	?	!	-	/
	7	マ	ミ	ム	メ	モ	¥	&	☎	スペース	スペース
	8	ヤ	(	ユ	)	ヨ	*	#	♥	スペース	スペース
	9	ラ	リ	ル	レ	ロ	1	2	3	4	5
	0	ワ	ヲ	ン	゛	゜	6	7	8	9	0

ポケベル入力の方法

① 「＊2＊2」を入力する。
② 上の表にもとづき、文字を入力する。
　※「ス」なら「33」、「キ」なら「22」のように2桁の数字を打ちます。
③ 最後に「##」を入力する。
④ 電話を切る。

ちょっとちょっと ポケベルってなんですか？

ポケットベル（pocket bell）の略。1992年頃から女子高生を中心に、若者たちの間で大流行した小型の無線受信端末です。

※ SMSを送信できる電話機は、プッシュ信号が送出できる電話機に限ります。ダイヤル回線を利用している電話機では、送信先の電話番号をダイヤルする時点で＊（トーン）ボタンを押すなどして、プッシュ信号（ピッポッパ音）を送る操作が必要です。

公衆電話に会話を遮られる

「時は金なり」とはよく言ったもので、公衆電話での通話は課金制なので、手元のお金がなくなるにつれ、電話できる時間は減ってしまいます。大事なことを言う前に「ブツ！」っと電話が切れてしまうなんてこともあったようです。

公衆電話の行列に並ぶ

銀行のATMと同じくらい、人々が行列をつくっていた公共施設。それこそが公衆電話でした。駅前の公衆電話なんかは、時間によって長蛇の列をつくることも。電話をかける人も「早く終わらせて次の人に替わらないと……」と焦って早口になっていたものです。

かけ仕草

受話器の持ちかたは人の数だけある、と言っても過言ではないくらい、持ちかたには性格が現れるものです。
会話の内容もまた、持ちかたに深く関係しているかもしれません。

わしづかみ
公衆電話の受話器は家庭用とくらべて大きめ。落とさないよう、しっかりにぎるのが基本。

人差しポイント
わしづかみの発展型。人差し指が支えとなるので安定感バツグン。

玄人持ち
団塊世代のセンパイたちは、受話器の扱いにこなれ感が出ます。

逆手持ち
こちらは上級者の持ちかた。なかなかの筋力が必要です。

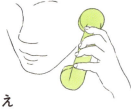

点支え
指先だけで受話器を支えて持つという、こちらも高度な技です。

ノーハンド
これがマスターできると、メモを取りながら電話できるので便利！

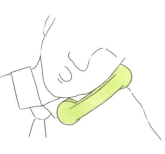

おくさま系
美しくそろった指先、小声が似合います。

通常の電話のかけかた　公衆電話のかけかたをおさらいしましょう。

① 受話器を上げてください。
② 硬貨かテレホンカードを入れてください。
③ 発信音（ツー）が聞こえたら、電話番号をプッシュしてください。

緊急通報のかけかた

硬貨またはテレホンカードは必要ありません。
※緊急通報用の電話番号……110（警察）、118（海上保安庁）、119（消防・救急車）

緊急通報ボタンがない場合

① 受話器を上げてください。
② 発信音（ツー）が聞こえたら、緊急通報用の電話番号をプッシュしてください。

緊急通報ボタンがある場合

 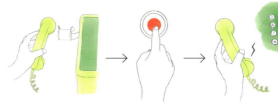

① 受話器を上げてください。
② 緊急通報ボタンを押してください。
③ 発信音（ツー）が聞こえたら、緊急通報用の電話番号をプッシュしてください。

23
とけい
[時計]

世の中は、時間で動いています。
なさけないことに、時間を教えてくれる
時計がないと何もできません。
家に帰る約束の時間をすぎたりしたら、
お母さんのカミナリが落ちるので
気をつけましょう。

DATA
時刻を確認するための装置で、現代では機械式時計と水晶(クオーツ)時計が主流。表示方法は文字板と針によるアナログタイプや、数字によるデジタルタイプなどがある。

自然の力を利用した時計
技術がまだ発達していない時代、
人々は自然の力を使って時間をはかっていました。

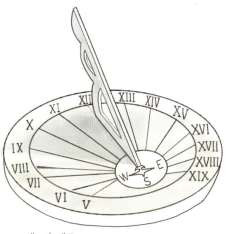

日時計
人間が初めてつくった時計。影の動き(角度)を利用して、1日の移り変わり(太陽の動き)がわかります。昼間や晴れているときにしか使えないのが欠点。

水時計
内側に目盛りがついた容器に水をいっぱいまで入れます。容器には小さな穴があり、そこから水がだんだん漏れ出し、水面の高さで時間がはかれるというしくみ。

ちょっとより道

ある意味 自然の時計

こんなところにも時計があった!?

腹時計

グゥ〜とおなかがすいたら、ごはんタイム。前のごはんから4時間くらいたったかな?

時計草

雌しべが時計の針のように見える、美しい花。残念ながら時刻はわかりません。

火時計

ろうそくや縄に火をつけ、燃えた量で時間をはかります。9世紀後半、イギリスの王さまが愛用した30cmのろうそくの火時計は、燃えつきるのに4時間かかったとか。

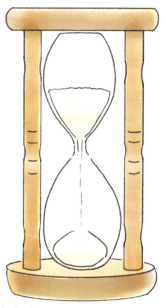

砂時計

ひょうたん形のガラス容器をひっくり返し、中に入っている砂が落ち切ったら一定の時間がたったことがわかります。現代で言えばタイマーのようなものです。

江戸時代の時刻の呼びかた

時間の数えかたは、国や時代によってさまざま。日本でも江戸時代のころは1日24時間を12に分けて数えていましたが、いろんな呼びかたがあって、かなり複雑だったようです。

八ツ刻

八ツ刻（午後2時〜4時）になると、江戸時代の人々は間食を取りました。現代の「おやつ」という呼びかたは、この八ツ刻からきています。

丑三ツ時

深夜2時〜2時30分。幽霊が出そうな不気味な時間帯として人々はおそれました。

1日を12に分けて「子の刻」「丑の刻」などと十二支を当てて数えたり、夜明けを「明け六ツ」、日暮れを「暮れ六ツ」と呼んだりしました。1日を昼と夜に分け、それぞれ6等分したものを「一刻」と呼ぶ方法もあります。

同じ道でも帰りのほうが早く感じる説

初めて通った道。「行き」よりも「帰り」のほうが時間を短く感じたことはありませんか？それにも何か、ヒミツがあるようです。

時間の伸び縮み

楽しい時間はあっという間に過ぎるのに、たいくつな時間はとてつもなく長く感じます。どうして、長く感じたり短く感じたりするのでしょうか?

短い時間

楽しいときや、何かに集中しているときは、頭の中がそのことでいっぱい。時間のことなんてきれいさっぱり忘れてしまうので、あっという間に時間が過ぎます。

長い時間

「早く終わらないかな……」と思っているときは時間の経過に気を取られて、時がたつのがとてもおそく感じます。こういうときは、時間を忘れるような何か別のことを考えるのがいちばんです。

行きの道

行きの道で目にするのは、初めてのものばかり。目から入った新しい情報は脳に届き、脳はその情報を理解・処理しようとフル回転。脳が回転しているぶん、時間の経過は長く感じられます。

帰りの道

帰りの道で目にするのは、すでに知っている情報がほとんど。その情報が目から脳へ伝わっても、脳はもう慣れているのでフル回転しません。そのため、時間を短く感じるのです。

おさんぽ 24
どこんじょうばな
[ド根性花]

根性とは、どんな困難や障害が
あろうとも事を成しとげようとする
強い気持ちのことです。
あなたも、このド根性花のように
たくましく、美しく生きてみませんか？

DATA
硬いアスファルトを押しのけて生えたり、雨にも風にも負けず咲いたりする花のこと。太陽の光を求めてたくましく、ひたむきにがんばるその姿に、自分の境遇を重ねて勇気をもらう人も多い。

あなたにもできる ド根性試し

根性を鍛えたい！
そんなあなたのためのド根性試しを
5段階レベルで紹介します。

レベル 1
キライなものを食べる
まずは、身近なところから始めてみましょう。ある日、突然おいしく感じたら大人になった証拠です。

レベル 2
持久走
はるか先にあるゴールに向かって、ひたすら走り続けましょう。距離が長いほど、道が困難であるほど、走りきったあとの達成感はひとしおです。

レベル3
ホワイトパズルを完成させる

絵のない、まっしろなパズル。完成させるには、ズバ抜けた集中力と忍耐力が必要です。宇宙飛行士の選抜試験として採用されたこともあるとか……。

レベル4
写経をする

写経とは、経典（お釈迦さまの教えが書かれた仏教の教科書のようなもの）を書き写すこと。テレビが見たい、ラーメンが食べたい……なんて気持ちは捨てて、無心に筆を進めるのがコツです。

レベル5
冬の滝行

ガケから勢いよく落ちる滝に身を打たれるなんて、大人でも根性がないとできないレベル。凍えるような冷たさに打ち勝ち、みごと成しとげたあなたは、もう怖いもの知らずです。

ちょっとより道

花だけじゃない！ド根性野菜の「大ちゃん」

2005年、兵庫県相生市の歩道で、アスファルトを押しのけて出てきた大根が発見されました。「アスファルトなんかに負けないぞ！」という力強いその姿は、多くの人に感動を与えました。その後、「大ちゃん」として相生市のゆるキャラにもなっています。

おさんぽ 25
とりのす
［鳥の巣］

鳥は卵を産むために巣をつくります。
大事な卵を守り、
ヒナを安全に育てるための快適空間。
調べてみるとそれぞれの鳥によって
巣の場所も材料もカタチも違います。
とってもよく考えられているんですね。

DATA
繁殖期、出産・育児のためにつくられる。移住や休眠、摂食を目的としたものではない。ほとんどの場合、ヒナ鳥が巣立つと巣は使われなくなり、次の繁殖期にまた新しい巣がつくられる。

鳥の巣の場所

敵に襲われず、安心して子育てできるのが理想。そのため、見つけにくい場所にあります。

地上
枯れ草や小石、羽根などを集めて巣をつくります。

木の上
敵に襲われる心配が少なく、巣をつくるのにもってこいの場所です。

水の上
水の上で暮らす鳥は、草を集めて島のような巣をつくります。

電信柱の上に巣をつくっていたら、停電や火災の危険があります。見つけたら通報しましょう。

やぶの中
見つかりにくいので、巣づくりに適しています。

壁
足場のない平たんな壁に巣をつくるので、難易度は高め。

穴の中
くちばしで木をほじくり、自分が入れるくらいの穴をあけます。

鳥の巣のつくりかた

巣の材料や、つくりかたはいろいろ。
せっせとゼロからつくる鳥もいれば、あるものを利用する鳥もいます。

枝や根を集める
枝や根をかき集めて巣づくりする、一般的な方法です。

自分の羽根を集める
地面にくぼみをつくり、羽根を敷けばフワフワな巣の完成。

石を集める
卵の模様と同じような石を集めるので、見つかりにくいです。

土をかためる
土に枯れ草を混ぜてかためれば、壊れにくい巣の完成です。

草を集める
荒地の中にあることが多く、意外と見つかりにくいです。

草を編む
植物の繊維を使って、くちばしで器用に編み込みます。

クモの糸で葉を縫う
クモの巣の糸を使って葉を縫い、袋をつくって中に入ります。

人間が捨てたものを使う
捨てられたヤカンなどを利用する、うまいやりかたです。

やま形にする
自分で卵を温めず、集めた枯れ草の発酵熱を利用します。

お皿形にする
草や枝を集めただけの平たい巣なので、つくるのはカンタン。

おわん形にする
回転しながら体で草を押したり、脚で踏んだりしてつくります。

球体にする
まるい巣なので、枝のわかれめにつくると安定感バツグン。

吊り下げる
敵に近づかれないよう高い枝に……けど、まあまあ目立ちます。

棚をつくる
足場がないので、飛びながら唾液で枝をくっつけるスゴ技。

ガケを利用する
敵に見つかりにくい岩のすき間を利用した、かしこい方法。

集団でつくる
みんなで巣づくり。個室があるのでプライベートも守れます。

小さい巣と大きい巣

直径2cmのものから10mのものまで、世界にはさまざまな大きさの巣があります。

ハチドリの巣

【生息地】北南米

世界でいちばん小さい鳥として有名なハチドリ。その巣の大きさは直径2cmほど、卵の大きさは1cmほどしかありません。ちなみにハチドリの一種、マメハチドリの体重は2g。なんと1円玉2枚ぶんという軽さです。

アオアズマヤドリのあずまや

【生息地】オーストラリア、ニューギニア

巣ではありません。アオアズマヤドリのオスが、メスの気を引いてさそい入れるためにつくった愛の御殿です。

枝でつくったパーティション。まわりの目を気にせず、イチャイチャできます。

青い羽根や紙、花などをまわりに散らして、豪華絢爛に飾りつけ。

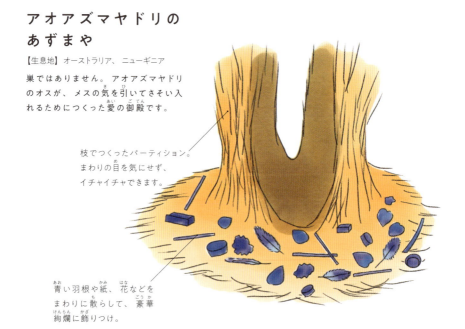

シャカイハタオリの巣

【生息地】南アフリカ、ナミビア

仲間たちと一緒に大きな巣をつくり、みんなでそこに暮らすという集合住宅のようなタイプ。大きいものだと直径10m・高さ3mほど、鳥の数も300羽以上と大所帯です。

ヒナが巣立ったあとも棲み続け、どんどん大きくなります。

1m定規×3

砂漠地帯のため昼は40度以上、夜はマイナス10度以下ですが、巣の中はいつも26度で快適に暮らせます。

ツカツクリの巣

【生息地】オーストラリア、ニューギニア

ツカツクリは地面に枯れた草をかき集め、大きな山をつくってその中に卵を産みます。巣の大きさは、直径7〜8m・高さ3mほど。枯れた草が集まると発酵して熱を出すので、その熱を利用して卵を温めます。

気温や季節に合わせ、枯れた草の上に砂をかけたり、砂をよけたりして巣の温度を調節します。

1m定規×3

メスは卵を産むとどこかへ行ってしまうので、温度調節はオスが担当。

おさんぽ 26
ねこ
［猫］

猫は犬と違って、基本、単独行動で気まぐれです。ゴロゴロしてたかと思うと、ぷいといなくなってしまう。でも、猫好きの人たちにはそんな性格もたまらないようで一緒にいるほどその魅力に引き込まれてしまうらしいですよ。

DATA　※成猫の場合
［分類］食肉目ネコ科ネコ属
［寿命］10～13年
［睡眠時間］12～14時間
［体重］3.5～4.5kg
［体高］23～25cm

猫を愛した偉人たち

あの有名な偉人たちにインタビュー、猫との思い出をうかがいました。

夏目漱石
（1867年2月9日～1916年12月9日）

【職業】日本の小説家
【代表作】『坊っちゃん』『こゝろ』『三四郎』

ある日、私の家に一匹の猫が迷い込んできました。全身まっくろだったこの猫を「福猫（福を呼ぶ猫）」としてかわいがり、福猫をモデルに小説『吾輩は猫である』を執筆しました。すると、その小説が雑誌に掲載され、私は小説家デビューを果たしました。そうです、この猫が福を運んでくれたのです！

ムハンマド・イブン＝アブドゥッラーフ

(571年頃～632年)

【職業】サウジアラビアの預言者・政治家
【別名】イスラム教の開祖

ある日、私が着ようと思っていた服の袖の上に飼い猫が寝ていました。起こすのはかわいそうだったので、袖の部分だけ切り離して、その服を着て出かけたことがあります。

エイブラハム・リンカーン

(1809年2月12日～1865年4月15日)

【職業】アメリカ合衆国大統領（第16代）
【別名】奴隷解放の父

「趣味は猫」と言えるほど、私にとって猫は癒やしです。ホワイトハウスでも4匹の猫を飼っていました。戦争で親を亡くした子猫を保護したこともあります。

アイザック・ニュートン

(1643年1月4日～1727年3月31日)

【職業】イギリスの物理学者

私については「万有引力の法則」を発見したことでご存じのかたが多いと思いますが、個人的にはキャットドア（猫用の出入り口）を発明したことのほうがじまんですね。

アーネスト・ヘミングウェイ

(1899年7月21日～1961年7月2日)

【職業】アメリカの小説家・詩人
【代表作】『老人と海』『誰がために鐘は鳴る』

私が友人からもらい受けた猫は、足の指が6本あるという"幸運をもたらす猫"だったのです。その後、6本指の猫の子孫もたくさん生まれ、ヘミング家代々で飼いました。

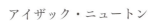

サルバドール・ダリ

(1904年5月11日～1989年1月23日)

【職業】スペインの画家
【フルネーム】サルバドー・ドメネク・ファリプ・ジャシン・ダリ・イ・ドメネク

私の飼っていた猫の名前はババー、オセロットという貴重な種類の山猫です。とても美しい斑点模様にひとめぼれしました。ババーを連れてよく旅に出かけたのが、よい思い出ですね。

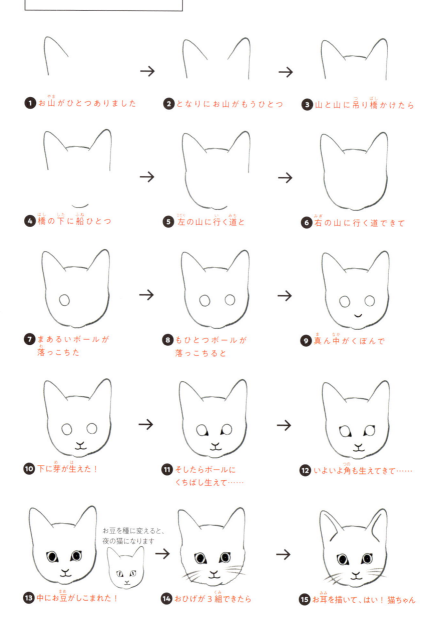

いろいろな模様

おさんぽ中に見かけた猫の模様を描いてみましょう。

トラ模様

ハチワレ

ぶち

おめん

逆ハチワレ

なぞって描いてみましょう。

練習1 　　練習2 　　練習3

なぞり描きで練習したら、本番にいってみよう。

おさんぽ 27
はいたつ
[配達]

たくさんの荷物を早く、確実に届けるために
配達には道具や乗りものが欠かせません。
それは配達人にとって、
なくてはならない相棒のようなもの。
配達するものによって
相棒の機能やカタチもいろいろです。

DATA
郵便物や商品を指定された人や場所へ届けること。スピーディかつ確実に、そして品質を保ったまま運ぶことが最重要課題。そのため、専用の道具や乗りものを使用することが多い。

配達の相棒図鑑

郵便屋さん
配達と言えば、郵便屋さん。〒マークのついた赤いボックスに手紙やハガキを入れ、家まで届けに来てくれます。届けものをポストに入れたら人知れず去っていくので、意外に見かけるタイミングを失いがち。

ピザのデリバリー
アツアツのピザを、専用の保温バッグに入れてお届け。特徴は、雨の日でも配達できるようにつくられた屋根と大きな窓、そしてワイパーがついたバイク。ただし強風には対応していないので、風の強い日に走るのは困難です。

新聞配達

新聞をいっぺんに届けるので、自転車の小さなカゴにできるかぎりの量の新聞を積む必要があります。その積みテクは必見。中には、タケノコのように積み重ねている人もいます。

そばの出前

汁を一滴もこぼさず届けるために開発されたのが、この出前機。器を水平のまま保つ構造が丸見えなので、メカ好きにはたまらないはず。お見かけの際は、ぜひ熱い視線を。

メッセンジャー

何よりも早さ優先。そのため、渋滞や道路規制に左右されずスピーディに配達できる自転車を使います。ちょっと目をそらしたスキに通り過ぎてしまうので、注意して見ましょう。

牛乳配達

おいしい牛乳を届けるため、鮮度を保つことが大事。保冷剤を入れた専用の箱に牛乳を詰めて運びます。昔は自転車が多かったのですが、最近は箱をまとめて配達できるトラックがほとんど。

昔の出前は
神技が支えていた！

乗りものも道具も、
あまり発達していなかった時代は
どのように配達していたのでしょうか？

軽い小ばちは上に
まとめて載せます。

ピシッと縦に美しくそろった
せいろは、もはや芸術作品。

タワーの真ん中にどんぶりを挟むと
見た目にアクセントが出ます。

どんぶりを積んで、
その上にせいろを載せると
安定感バツグン。

数十人ぶんの出前を片腕だけで
支えられる強肩とたくましい腕。

昔のそばの出前

昭和時代、ランチタイムのオフィス街で
よく見かけられたのが、おそば屋さん
の出前です。せいろやどんぶりが何段
にも重ねられた状態で一斉に担ぎ、片
手でハンドルを操るというスゴ技をくり
出していました。これ、どうやって下ろ
したんでしょうね。まさに神技です。

いまは原付きバイクが多い出前ですが、
昔は自転車がほとんど。

未来の配達

昔は昔ですごいのですが、未来はテクノロジーの力を使って別のすごさを発揮するかも。

ドローン配達

小型無人機ドローンによる配達はすでに実験も行われ、本格的に実現しつつあるようです。離れた島や交通の便が悪い山奥への配達はもちろん、災害が起きたときも大活躍してくれることでしょう。

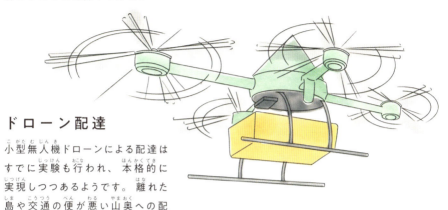

タイムマシーン配達

過去から現代、現代から未来へ荷物をお届け……なんて、まさに『ドラ○もん』の世界! 未来のおもちゃ屋で最新のゲーム機を買ったり、過去に発売されたレアグッズを手に入れたり……夢はふくらむばかりです。

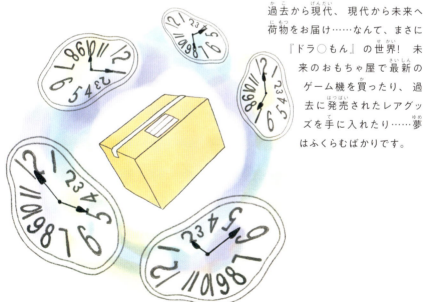

おさんぽ 28
はっぱ
[葉っぱ]

街中には、いろんな葉っぱがあふれています。
木の枝についた葉っぱ、
道に落ちた葉っぱ、大きな葉っぱ。
葉っぱとしては、そんなつもりじゃ
なかったかもしれないけど、
実は葉っぱの使い道は、いろいろあるんですよ。

DATA
植物の茎や枝につき、呼吸や光合成を行っている器官。太陽の光を取り込みやすいように、薄く平らになっているものが多い。「葉」をくだけた言いかたにすると「葉っぱ」となる。

"葉っぱ芸"を身につけよう

道でひろった葉っぱで、ちょっと小粋なモノが
つくれたら人気者になれるかもしれません。

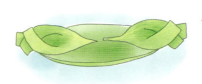

笹舟
笹舟を川や用水路に浮かべて流してみましょう。友だちと競争してもいいですね。

① 両端を内側に折ります。

② 切れめを2か所ずつ入れます。

③ 右側の部分を左側に折り込みます。両端とも折り込んだら完成！

草笛
葉っぱの端を口でくわえて、息を吹きかけましょう。ブーブーと音が鳴るはずです。

① かための葉っぱをクルクル巻きます。棒に葉っぱを巻きつけてもOK。

② 巻いたら棒を引き抜きます。

葉っぱで手紙を出そう

葉っぱの裏側をとがったものでキズつけて、文字を書いてみましょう。ポストに投函できる大きさは、長さ14cm以上・幅9cm以上。定形外郵便物に分類されるので、120円切手が必要です。

※なお、葉っぱをそのまま郵便ポストに投函すると、葉っぱが破れたり、葉っぱの色素により他の郵便物を汚したりするおそれがあります。投函にあたっては、他の郵便物を汚したり、傷つけたりしないように工夫をお願いします。

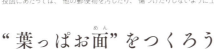

"葉っぱお面"をつくろう

大きな葉っぱが手に入ったら、お面にして遊ぶのがおすすめ。自分の目の位置に合わせて穴を2つあければ、すてきなお面の完成です。

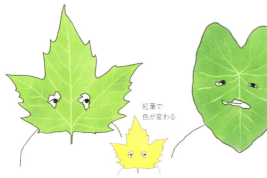

紅葉で色が変わる

プラタナス
大きく3つにわかれた形が特徴のプラタナスの葉っぱ。どちらかと言うと、ヒールキャラのお面がつくれます。

サトイモ
サトイモの葉っぱは、かわいいハート型。左右のでっぱりを耳に見立ててもよいです。

ホオノキ
20〜50cmほどの縦に長い楕円形で、お面にするとアフリカ民族のような印象になります。

---- ちょっとより道 ----

きんきゅう対応！ 葉っぱでおしりをふく

昔の人は、やわらかい葉っぱをトイレットペーパーの代わりにして使っていたようです。現代でも、急なお通じの際に活躍することは間違いないでしょう。ただし、こすりつけるとおしりがかぶれたり、キズついたりするので気をつけましょう。

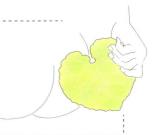

おさんぽ 29
はと
［鳩］

人間にとって身近なはハトは、
昔から「平和の象徴」とされています。
ということは、平和はいつも
身近にあるってことでしょうか？
なぜ、ハトが平和なのか。
ちょっとじっくり見て
みませんか？

DATA　※カワラバトの場合
［分類］ハト目ハト科カワラバト属
［寿命］約6年
［体重］270～350g
［全長］31～34cm
［食事］木の実やミミズ

ハトの正面顔

よく見かける模様。白い鼻（くちばしの頭）と、首元のグリーンが特徴です。

平和なハトを観察しよう

つがいでいることの多いハト。
見た感じ、とても仲がよさそうですが何をしているのでしょうか?

追いかけっこ

首まわりの羽をふくらませ、もう1羽のハトを追いかけているのはナンパ中のハト。さらに首をすっと上げていつもより自分をかっこよく見せ、メスのまわりをウロチョロ歩いて猛アピールします。

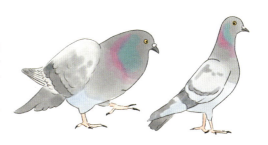

己を追いかける

狂ったように自分のおしりを追いかけるのも、メスを引きつけるための作戦。ハトは年に5〜7回、卵を産むので一年中、繁殖期のようなもの。だから、たわむれる2羽をよく見かけるんですね。

組体操?

ハトがハトの上に乗っかって、見事なバランス感覚を披露しているように見えますが、これは組体操ではなく交尾をしている最中。ハトの交尾はわずか数十秒と短く、目撃する機会はほとんどないので、見ちゃったあなたはラッキーです。

キッス♡

チュッチュとキスをしていたら、2羽はカップル。くちばしをつつき合う程度のライトなものから、相手のくちばしに思いっきりつっ込んで熱烈キスをすることも。あたたかい目で見守ってあげましょう。

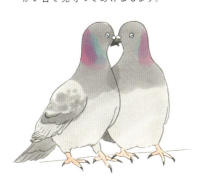
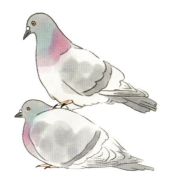

ハトは像がお好き？

像のまわりによく集まってくるハト。
だんだんと、ハトが像の一部に
見えてくるから不思議です。

従えています。

頭の上が居心地いいのでしょうか。

ベストポジションにいます。

頭の上と、手の上と……。

雄大な雰囲気です。

> ── ちょっとより道 ──
>
> ## ハトは迷子になっても家に戻れる！
>
> ハトは、自分の巣から遠く離れても戻ってくることができます（帰巣本能）。その能力を生かして、伝書鳩としても利用されていました。

こちらもベスポジ、肩乗りハト。

肩の上にもいました。

しまいにはセットで銅像化されたものも……。

おさんぽ 30
ヒコーキぐも
[飛行機雲]

どうして、ヒコーキ雲はできるのでしょうか？
そもそも、ほかの雲と同じ仲間？
それともニセモノの雲？
なんだか、空という紙に書くチョーク
みたいですよね。

DATA
飛行機が飛んだあとにできる細長い雲。エンジンから出る排煙ではない。発生して少し時間が経つと消える。雨が降る前は空気が乾燥していないため雲が残りやすく、見かけやすい。

ヒコーキ雲のつくられかた

飛行機が飛ぶ高度1万mは空気が冷たく、なんとマイナス40℃以下！

飛行機のつばさのうしろにできた空気の渦が、まわりの空気の温度を下げます。

飛行機のエンジンから排気ガスが出ます。ガスの中の水分が冷やされて凍ります。

凍ったガスのツブ（氷）が、地上から白い雲のように見えます。これがヒコーキ雲です。

写真を撮ってみよう

ヒコーキ雲を見かけたら、写真を撮って遊んでみましょう。

指から発射
手をピストルの形にして、ヒコーキ雲に指先を合わせます。するとあら不思議、あなたの手の先から飛行機が発射されたようですね。

口から発射
今度は手ではなく、口から発射したように撮ってみましょう。怪獣になった気持ちで大きく口を開け、こわーい顔をすると迫力が出ます。

ヒコーキ雲で描きたいメッセージ

もし飛行機を操縦できたら……どんな気持ちを雲に乗せる?

告白
大好きな人へ思いを込めて、大空に愛のメッセージを! グルッと大回転して♡の形を描いてみましょう。急角度になる♡の上のくぼみ部分が、けっこう難しいはず。

プロポーズ
文字が多くて難易度高めだけど、一生に一度のプロポーズなのだからこれくらいはしたいもの。がんばりが伝わって、きっとよい返事がもらえるはず。

謝罪
なかなか言い出せなかった「ごめんなさい」も、ヒコーキ雲で表現。もうしわけない気持ちを伝えるために、元気いっぱいな字ではなく、少し弱々しい感じで描くとなおベター。

鼻息で飛んだ
飛行機の種類によっては、ヒコーキ雲が二重になるものも。それを見つけたら、ぜひやってほしいのがこれ。ぶーんと鼻息の勢いで飛んでいるように見せかけてください。

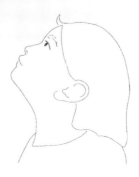

おさんぽ
31
ピンクのはな
[ピンクの花]

花を見つけると心がほんわかしませんか？
ピンク色の花には、
癒やしの効果があるそうです。
そんな力を持った花たちにはどんな
花言葉があるのか、のぞいてみましょう。

DATA
ピンク色には緊張をやわらげたり安らぎを与えたりして、幸せな気持ちにさせる効能がある。くわえて、花の香りもリラックス効果やアンチエイジング効果があるとされる。

誠実な愛
チューリップ

【分類】ユリ科　【開花期】春
春になると咲く、
カップ状のかわいらしい花。

- - - - - - - - - - - - - - - - - - - -

恋愛にまつわる伝説が多いチューリップ。ピンク以外だと「失われた愛（白）」や「望みのない愛（黄）」など、悲しい花言葉もあります。

天下無敵
モモ／桃

【分類】バラ科　【開花期】春
ほのかな紅色の花。
夏になると実ができる。

- - - - - - - - - - - - - - - - - - - -

モモの実は昔、「不老不死の薬」として使われたり、厄除けとして飾られたりしたこともあります。まさに、天下無敵の存在ですね。

あの花の
こんな花言葉

同じ花でも花の色は
一つひとつ違います。
色が違えば、
花言葉も異なります。

乙女の純潔
コスモス

【分類】キク科　【開花期】秋
長い茎を持ち、
色とりどりの花を咲かせる。

- - - - - - - - - - - - - - - - - - - -

かわいらしいコスモスの花ですが、中でもピンク色のコスモスは乙女のように可憐で清らかな印象です。

安らぎに満ち足りた気分
あさがお／朝顔
【分類】ヒルガオ科　【開花期】夏
早朝の時間帯に花を開かせ、昼前にしぼむ。

青や紫のあさがおは、どこかクールな印象。いっぽう、ピンクのあさがおは安らかで幸せオーラ全開です。

人見知り
ぼたん／牡丹

【分類】ボタン科　【開花期】春
花びらを何枚も重ねた10〜20cmの大きな花。

昼間は花が開いているのに、夜になるとシュンと閉じてしまうことから、「人見知り」や「恥じらい」という花言葉がつけられました。

元気な女性
あじさい／紫陽花
【分類】アジサイ科　【開花期】春〜初夏
青や紫などの小さな花が枝先に集まって咲く。

土によって花びらの色が変わるため「移り気」という花言葉を持つあじさい。人間にたとえると浮気性の女性ですが、ピンクには元気な女性という花言葉もあります。

しとやか
ばら／薔薇

【分類】バラ科
【開花期】品種によって異なる
トゲのある茎と葉を持ち、豪華で香り高い花。

「情熱」「熱烈な恋」という花言葉を持つ、赤いばら。それに比べてピンクのばらは「しとやか」「上品」と、おとなしい印象です。

心がやわらぐ
れんげそう／蓮華草

【分類】マメ科　【開花期】春
茎の先に、ぐるりと輪っかのように花がつく。

昔、れんげそうは肥料や薬として使われていたことに由来して「心や苦痛がやわらぐ」という花言葉がつけられたそうです。

illustration（girl）：山田菜都美

花でつくってみよう

れんげそうの花かんむり

① れんげそうの花を茎ごと採ります。20本ほどあれば、子ども用のかんむりがつくれます。

れんげそうはなるべく、茎の長いものを探しましょう。長いほうが、編みやすいです。

② 1本を縦に、もう1本を十字になるように横に置きます。

③ 左のように輪っかをつくります。

⑤ くり返し、頭のサイズに合うまで編み続けます。

⑥ 最後の部分は、はじめに編んだ輪っかに通してつなげます。

④ 同じようにして3つめ、4つめと編んでいきます。

⑦ 頭に乗せて完成！

───── ピンクの花を使ってステキな遊びをしてみましょう。ただし、摘みすぎないように。

コスモスのプロペラ

① コスモスの花の下10cmくらいのところを折ります。

② 花びらを指で引っぱって……

③ 1枚おきに取っていきます。

④ 4枚の花びらが残れば完成！

手を離すと、くるくる回りながら落ちていきます。

あさがおのふうせん

① あさがおの花を使った音遊びです。

② 花が咲いたあとのしぼんだ花びらを摘みます。

③ 花びらの先端をつまみます。

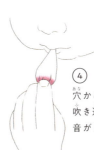

④ 穴から空気を吹き込むと「プスッ！」と音がして破裂します。

おさんぽ
32
ペアルック
[Pair look]

ペアルックと言っても、
おそろい具合はいろいろあるようです。
全身リンクからワンポイント合わせまで。
街中で見かけがちな
ペアルックをチェックしましょう。

DATA
pair（ひと組）とlook（見る）を合わせた和製英語。恋人同士や夫婦、仲よしがおそろいで着る、色や模様が同じ服によるコーディネートのこと。

ペアルック図鑑

※右に進むほど上級者コーデです。

難易度 低

スーパーリンク

ぜんぶ一緒
頭から足まで全身おそろコーデ。難易度は低いのですが、ラブラブ度は超高いです。

テレコ

色違い
模様や柄は同じだけど、色違いのものを着用。お手軽に親密さをアピールできる、初級者コーデです。

ユニット感

柄をそろえる

アイドルユニットの衣装でよく見られるパターン。全体のまとまりはありつつ、違いがあって見ためも楽しい。

種族

雰囲気をそろえる

同じものは身につけていないのに、ファッションのジャンルが同じだと結束力高めのおそろ感が出せます。

→ 高

ワンペア

1アイテムそろえる

どれかひとつだけ同じものにして、さりげないおそろ感を演出。おしゃれペアルックといったところでしょうか。

上級テク

色をそろえる

以心伝心がなせる業か、意図的なのか。全体の色味はそろえつつ、自分に合ったアイテムを取り入れます。

思いもよらずかぶったパターン

偶然にも、おそろになってしまった人たち。
残念ながら、これらはペアルックとは言えません。

ヒョウ柄アイテム

強く気高いイメージのヒョウ柄。若者の間で、とくにロック系やパンク系の破天荒な人たちに人気ですが、実はおばちゃまたちも大好物な柄。幅広い世代に愛される柄ゆえ、かぶりには要注意です。

ベレー帽

ワンポイントアイテムのひとつ、ベレー帽。難易度の高いアイテムだからこそ、かぶればたちまちおしゃれな感じになりますが、巨匠的雰囲気をかもし出すおじさまたちにも愛されているので、そこは違いをつけたいところですね。

おかっぱヘアー

かぶるのは服や小物だけではありません。思いがけないところに落とし穴があります。そのひとつが、こちらの髪型。頭の天辺が少しさみしく感じて、サイドを長めに伸ばしたスタイルですが、実はシーズー犬のヘアスタイルと非常に近しいのです。男性の場合はひげも伸ばして毛を増やせば、どんどん似てきてしまうので注意しましょう。

高確率かぶりファッション

よくあるアイテムゆえ、おそろになってしまう場合も。
こちらもペアルックとは違います。

ボーダーのカットソー

万能アイテムがゆえにかぶりやすく、ラインの太さや色が違ってもだいたい同じに見えがちです。

チェックのシャツ

特に、理系男子とチャラ男に多いかぶり例。キャラの違うふたりが並ぶと、お互い微妙な空気になります。

トレンチコート

ベージュは高確率でかぶるので避けたい色。ネイビーやカーキなど、ほかの色をチョイスしましょう。

無難にモノトーン

白Tシャツに黒パンツは、自ら危険に飛びこむようなもの。黒Tシャツに白パンツだとテレコになります。

デニムオールインワン

おしゃれさんご用達のデニムですが、牧場のおじさんも似たような格好をしているので注意が必要です。

コンサバうすピンク

パーティードレスあるある。いつもよりキメていても、かぶってしまうとだれだか区別さえつきません。

おさんぽ 33
ベビーカー
[Baby car]

ベビーカーは、まだ歩けない赤ちゃんの足代わり。
大人が赤ちゃんを大切に守りながら、
一緒にお出かけするためのものなんですよね。
昔と今を比べてみると、だいぶ違いがあります。

DATA
小さい子どもを乗せて運ぶための車。baby（赤んぼう）とcar（車）を合わせた和製英語。英語圏でベビーカーと言うと、赤ちゃんが乗るおもちゃの車を連想される。

ベビーカーの昔と今

はるか昔は、台車のようなものに子どもを乗せて運んでいました。
やがて、赤ちゃん専用のものとして開発されたのが乳母車です。

昔

シンプルな乳母車
ベビーカーのルーツは、大きなカゴに4つの車輪がついたシンプルなもの。1700年代にイギリスで開発され、上流階級の家庭で使われていました。「乳母」とは、子どものお世話をするために雇われた人のことです。日本で初めて使われた乳母車は、1万円札でもおなじみの思想家・福沢諭吉が、1867年にアメリカから持ち帰ったものだと言われます。

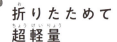

今

折りたためて超軽量
ベビーカーはどんどん進化をとげ、いろんなタイプのものが登場。左のように、軽くて持ち運びしやすく（ノート型パソコンと同じ重さ！）、使わないときはコンパクトに折りたためるものが人気。車輪の数も3つになって、小回りが利くようになっています。

動物たちのベビーカー

赤ちゃんを育てるための袋や皮を持った動物たち。ある意味、それもベビーカーのようなものです。

コアラ

コアラの袋はちょっと変わっていて下向き。袋に入っている赤ちゃんは、お母さんが食べて消化したユーカリの葉（フン）をもらって食べます。袋の口が下向きだから、お母さんのフンが食べやすいです。

皇帝ペンギン

南極大陸に棲む皇帝ペンギンは、足の甲の部分に卵やヒナを乗せ、ダブダブのおなかの皮で包んで守ります。マイナス60℃という寒さの中、この皮のおかげで40℃くらいの熱で卵をあたためることができるのです。ですが、約2か月もの間、飲まず食わずの状態で卵をあたためるのだから、そりゃもうタイヘンです。

カンガルー

カンガルーと言えば、ぴょんぴょん跳ねながらのジャンプ移動。袋の口は上向きなので、お母さんが飛び跳ねても落ちづらいですね。生まれたての赤ちゃんはわずか数cmしかないため、ある程度の大きさになるまで袋の中で大事に育てられます。

タツノオトシゴ

タツノオトシゴの繁殖は夫婦共同作業。まず、メスがオスの袋の中に卵を産み落とし、オスが卵を守って稚魚が約5mmになるまで育てます。卵の数は、なんと300個。大切な命がたくさんです。

おさんぽ 34
ポスト
[Mailbox]

まだメールなんかない時代から
遠くの人へ手紙を届けるために、
いつも口を開けて待っていてくれたポスト。
日本では目立つように赤色ですが、
世界を見てみると同じじゃないんですね。

DATA
【正式名称】郵便差出箱
ハガキや手紙などの郵便物を投函するために置かれた箱。日本で郵便制度が開始した1871年に「書状集め箱」と呼ばれる最初のポストが誕生。1949年から写真の形状で設置され、現在約18万1221本（2018年3月末時点）になる。

世界のポスト

世界中の、ほとんどの国に設置されているポスト。
その色や形には、お国柄が現れています。

アメリカ
どう見てもゴミ箱ですが、ポストです。青色のボックスの上に、カマボコ型の投函口をつけたスタイル。投函口が飛び出したタイプはドライブスルー専用で、車社会のアメリカならではです。

オランダ
さすがは世界一身長が高いオランダ人。横長でオレンジ色のポストですが、投函口は150cmほどの高さに設置されています。背の低い人用に、小さいポストもあります。

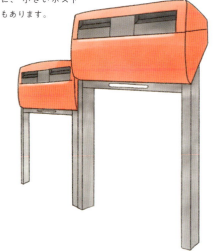

ブラジル
ボックスは丸っこい台形で、上部がくびれた独特のフォルム。黄色をベースカラーに、黒色の表示パネルがつけられています。投函口は1つだけでコンパクト。

台湾
普通郵便用の緑ポストと、速達・エアメール用の赤ポストが並んでいます。2015年、台風の影響で脚が曲がった台北のポストは、首をかしげて笑っているように見えてかわいいと話題になりました。

スウェーデン
国旗と同じカラーでブルーは市内、イエローはそれ以外のエリア専用。街の景観を損なわないパステルの色使いで、郵便を意味するホルンのマーク入り。

アラブ首長国連邦（ドバイ）
グレーの脚がついた赤色のカマボコ型で、投函口は1つ。英語とアラビア語の表示が白抜きで書かれています。金属製なので、日中の炎天下では触れないほどアツアツに。

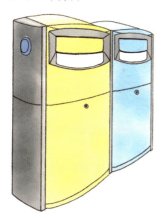

シンガポール
ゴミのポイ捨てに罰金が科されるほど、きれい好きなシンガポール。ポストもメタリックの箱型でピカピカですが、街の風景になじみすぎて見逃してしまうことも。

「〒」はどういう意味？

日本で郵便事業が始まったのは、1871年4月20日のこと。当時、郵便事業は国が運営し、「逓信省」という中央官庁が担当しました。それから16年後に、「〒」の郵便記号がつくられたのです。この記号が生まれた背景には、いくつかの説があります。

説1
逓信省の頭文字（Tとテ）から取って第一候補を「T」、第二候補を「〒」としてデザイン案を提出。ところが、間違って「〒」を発表してしまった。

説2
当初は「T」だったが、海外ではこの記号が料金不足を意味するため、ふさわしくないとして変更。上に1本、線を足して「〒」になった。

こんなところにもポストが！

ポストがあるのは、街中だけではありません。

海底
【場所】和歌山県すさみ町、静岡県伊東市、沖縄県那覇市

海底ポストは日本に3つあります。塩分の多い海の中にあるので傷みやすく、まるで古代遺跡のような見ために。投函されたハガキは、地元のダイバーなどが回収してくれます。
※日本郵便が設置しているものではありません。

富士山
【場所】静岡県富士宮市

日本一高い郵便局として知られる「富士山頂郵便局」の前に、ポストが設置されています。旅の記念にぜひハガキを投函してみましょう。郵便局は毎年7月中旬〜8月下旬ごろに開いています。

ちょっとより道

赤くて目立つもの
ポスト以外にも、赤くて目立つものはたくさんあります。

- サイレン
- 提灯
- 止まれの標識
- 消火器
- 消防車
- 緊急ベル
- 鳥居
- 勝負パンツ

おうちポストのつくりかた

家の中にポストを設置してみましょう。
下の展開図を参考に、厚紙を使って組み立ててみてください。

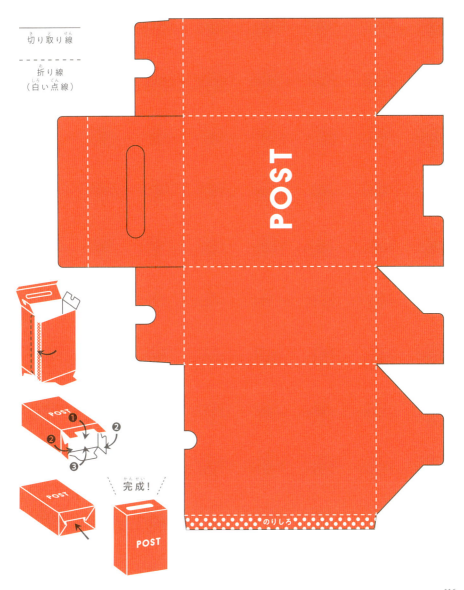

おさんぽ 35
ほどうきょう
[歩道橋]

歩道橋を見つけたら迷わず登ってみましょう。
なぜなら、無料でいつもより
高いところから街を眺めることができる
グッドロケーションだからです。
ただ渡るだけじゃ、もったいない。
街中の橋には、魅力がいっぱいです。

DATA
[正式名称] 横断歩道橋
歩行者や自転車が道路を横断するためにつくられた橋。車道や鉄道をまたぐようにして架けられている。交通量が多い場所に設置されることが多い。

ロマンチックな交通安全施設

歩道橋のすばらしさを再確認してみましょう。

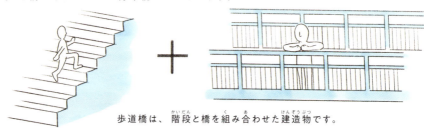

歩道橋は、階段と橋を組み合わせた建造物です。

歩道橋に登ると、いつもと違った角度で街を見渡すことができます。ふだん気づかないような景色に出会える、とてもロマンチックな場所なのです。

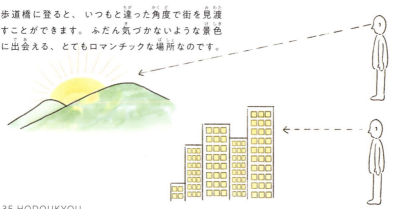

歩道橋の楽しみかた

高さや景色を生かして、階段を使って。いろんなシーンに活用できます。

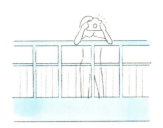

写真を撮る

まずは、歩道橋から見える景色を写真に収めてみましょう。高いところから見下ろす構図で、迫力満点の一枚が撮れるはずです。

たそがれる

場所によっては、夕日が沈む瞬間が見られるかも。美しくも寂しげな夕日を見ながら、たまには物思いにふけってみてはいかが？

好きな人に告白する

ふたりだけの空間をつくりやすい歩道橋は、告白場所の定番。ロマンチックな雰囲気も相まって、きっとよい返事がもらえる……はず。

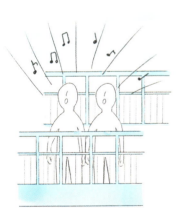

熱唱する

お友だちと一緒に、思いっきり大声で歌ってみましょう。開けた場所なので、声もよく通ります。青春のよい思い出づくりになりますよ。

エクササイズする

2段抜かしで上がったり、つま先を使って登ったり。歩道橋の階段は、上下運動やヒップアップにもってこい。ただし、足を滑らせないように気をつけましょう。

変わった歩道橋

全国にはおもしろい歩道橋がたくさん。
ぜひ足を運んで、実物に登ってみましょう。

水木歩道橋

【分類】可動式歩道橋
【場所】茨城県日立市国道245号
【竣工】1969年3月

大きな車が通るとき、ぶつからないように橋がぐーんと水平に上がる超カッコいい歩道橋。橋が動くときはもちろん歩行禁止ですが、いつ動くのか時間はわかりません。

南大沢輪舞歩道橋

【分類】円形歩道橋
【場所】東京都八王子市
　　　　八王子市南大沢文化会館隣接交差点
【竣工】1994年3月

360度ぐるりと一周できる歩道橋。赤いアーチの街路灯と、タイルで彩られた路面がアーティスティックで美しいのですが、3階建ての高さなので登るのにそこそこ体力を使います。

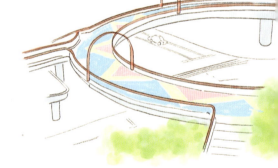

ごみ坂歩道橋

【分類】二股式階段歩道橋
【場所】東京都新宿区区道34-250号線
【竣工】1983年2月

インパクトのある名前はもちろん、わずか数mしか離れていない距離に階段が2つあるという印象的な造り。歩行者用と自転車用の階段がそれぞれ設けられた豪華な橋です。

ぐるりん橋

【分類】螺旋階段歩道橋
【場所】福岡県福岡市アイランドシティ中央公園内
【竣工】2007年3月

その名のとおり、階段がぐるりんと回っています（螺旋階段）。同じ形のコンクリートを回転させながら積んでいるという、システマチックな美しさが光る現代的な橋です。

― ちょっとより道 ―

歩道橋には名前がある！

人間と同じように、歩道橋にも一つひとつに名前があります。名前を知りたい場合は、看板を探してみましょう。名札のように、橋のどこかにネームプレートがついているはずです。

ごみざかほどうきょう

中の島大橋

【分類】海に浮かぶ歩道橋
【場所】千葉県木更津市中の島公園内
【竣工】1975年

高さ27m・長さ236mという、日本一高くて長い歩道橋。海の上に架かる橋から富士山も眺められ、夕暮れ時はロマンチックな雰囲気につつまれます。デートコースに最適。

おさんぽ 36
みずたまり
[水たまり]

水たまりは、期間限定で現れる
ちっちゃい池のようなものです。
永遠にそこにあるわけではないので、
明日遊ぼうと思っても、
そのときにはないかもしれません。
今日だけの遊び場。
楽しむ方法は意外とあるんです。

DATA
雨が降ったあと、道路などに水がたまっているところ。水面に光が反射することで、鏡のように景色が映る。冬の寒い季節は水が凍ってスケートリンクのように滑りやすくなることも。

雨あがりに現れる遊び場

雨が降ったあと、
道路のくぼみに
できるのが
水たまりです。

水たまりを動かしてみよう

水たまりに触れてみましょう。いろんな音も楽しめます。

バシャッ

思いきり踏んでみる
水たまりにダイブして、水を散らしましょう。

チャポン…

そっと踏んでみる
水面に輪っか（波紋）をつくってみましょう。

ゆら…

息を吹きかける
水面に映る自分の顔をゆらしてみましょう。

水たまりをのぞいてみよう

水面には、何が映っているでしょうか。
いつもとは少し違った景色が見えるはずです。

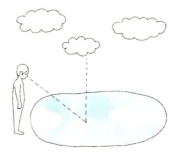

ふつうにのぞく
ふわふわと浮かぶ雲や太陽。
水面にも空が広がります。

中に入ってのぞく
同じ空でも角度が違えばまったく
別の見えかたになります。

しゃがんでのぞく
今日のヘアスタイル、
イケてるかな?

寝そべってのぞく
目線を低くすれば小さな
動物になった気分に。

逆さになってのぞく
股のぞきをして、水面世界に入ってみ
ましょう。驚くような光景が待ってい
るかもしれません。

おさんぽ 37
ミミズ

ちゃんと見ちゃうと
けっこう不気味な生きものですが
ミミズって、実はいいヤツなんです。
知れば知るほど、すごいヤツなんです。
雨あがりのおさんぽこそ
ミートミミズのチャンスですよ。

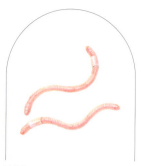

DATA
[分類] 環形動物門環帯綱
[寿命] 1〜数年
[体重] 0.01〜72g
[体長] 2〜92cm
[食事] 落ち葉、微生物、土

名前の由来

ミミズって、なんで「ミミズ」と呼ぶのでしょうか？
これにも、いろんな説があるようです。

説1 土の中にいるため？
目不見

ミミズには目がないことから「メミズ（目不見）」と言われ、それが転じて「ミミズ」になったとされます。

説2 鳴き声からきた？
みみズ

昔、ミミズは「ミミー」と鳴くと思われていました。この鳴き声に「ス」を合わせ、さらに濁音になって「ミミズ」となったと言われます。

---- ちょっとより道 ----

ミミズに会いやすい日

雨あがり、ミミズが地上に出てくる理由はいくつかの説があります。有名なのが、土の中で呼吸しづらくなったためというもの。雨が降ると、地中の微生物は活発に動き、酸素が消費されて二酸化炭素が多くなります。すると、酸素が減って呼吸しづらくなったミミズは地上に出てくると言われます。

ミミズをナメてはならぬ

ミミズって、実はすごい生きものなんです。

切っても死なない凄まじさ

ミミズの驚くべき能力、それが「真っ二つになっても死なない」というもの。真ん中で切ったら、頭側だけが生き残るんです。ただし、ミミズをむやみに切るのはやめましょう。

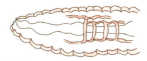

心臓がたくさんある

ミミズは7つの心臓を持っています。ただし、人間の心臓とはちょっと別もの。心臓という器官があるのではなく、7つの血管が縮んだり伸びたりして、全身に血液を送り出しているのです。

小さなミミズの大きな役割

結局、ミミズってムダに心臓があるだけの生きもの？ いえいえ、そんなことありません。ミミズは枯れ葉や有機物を食べてフンを出しますが、このフンは微生物が活動する場所になったり、植物の栄養になったりします。また、ミミズが掘ったトンネルは植物が根を張るのに、これまたちょうどいい道になります。ミミズは食べて出して、生きているだけですごいんです！

日本の巨大ミミズ

西日本（静岡以西）に生息するシーボルトミミズは、全長30〜40cm・太さ1.5cmにもおよぶ巨大サイズ。しかもテカテカに光る青紫色のボディなので、とても目立ちます。動きは意外にもすばやく、触ろうとするとベタつく白い液を出すので注意しましょう。

おさんぽ
38
UFO？
[Unidentified Flying Object]

空に浮かぶナゾの飛行物体に
遭遇したことはありますか？
UFOなのか？　そうじゃないのか？
多くの目撃情報はありますが、
そんなにカンタンに発見されないのがUFO。
だまされないように
本物を見破らないといけませんね。

DATA
未確認飛行物体。空中を飛ぶ正体不明の物体のこと。古代・中世の時代からUFOや異星人の記録が残されているが、よく目撃されるようになったのは第二次世界大戦後と言われる。

Q. あれはUFOですか？

違います。遠くの光です（雲や飛行機に太陽の光が反射しているのです）。

違います。犬と遊んでいるフリスビーです。

違います。風船です。

違います。風に舞い上がるコンビニの袋です。

違います。飛行船です。

違います。窓ガラスに映った照明です。

違います。風に飛ばされた帽子です。

UFOの形

UFOの形や大きさはいろいろ。よく見ると、身近な「あれ」にそっくりです。

ぼうし型
Hat type
もっともポピュラーな円盤型。色はシルバーが多く、サイズは大小さまざま。

おさら型
Dish type
円盤型の一種だけど、でっぱりがなく平べったい形。回転しながら飛ぶことも。

巻き寿司型
Makizushi type
大きくて細長い。中から複数の小型UFOが飛び立ったという目撃情報もあり。

ドーナツ型
Donut type
真ん中にぽっかりと穴が開いています。穴からナゾの物質を吹き出すことも。

ブーメラン型
Boomerang type
V字の形もメジャー。1997年にアメリカ・アリゾナ州で目撃されたものが有名。

たまご型
Egg type
集団で飛行していることが多く、光りながら合体や分裂をくり返します。

ほうせき型
Jewelry type
最近、よく見かけられるタイプ。ピラミッドを2つ合わせたような形が特徴。

どらやき型
Dorayaki type
上下にもっこりとふくらんだサンドタイプのUFO。香港の夜空で発見されました。

もしかして、UFOのしわざかも？

身のまわりで起きる、ちょっと不思議な出来事。
実は、UFOに乗った宇宙人のイタズラだったりして……。

片手袋

道にポツンと落ちている、片方だけの手袋……。それ、UFOに連れ去られた人が残していったものかもしれません。手袋が指差しの形をしていたら、「こちらの方角にいます」というメッセージの可能性も。

らくがき

おせっかいな、右のらくがき。クラスのイタズラっ子ではなく、宇宙人のしわざかも。好きな子や隠しごと……UFOは空の上からすべてお見通しです。

なぎ倒された稲

田んぼの稲が一か所だけなぎ倒されていたら、UFOが離陸した跡に違いありません。上から見下ろすと、「ミステリーサークル」のような図形になっているはず……。

何しようとしていたか忘れる

「あれ、何しようとしてたんだっけ？」というとき、ありませんか？ 宇宙人に大事な記憶を消されたのかもしれません。たとえばUFOを目撃したこととか……。

デジャブ

ちょっと前に、まったく同じことを体験したような、そうじゃないような？ それは、人間を支配したい宇宙人による記憶操作かもしれません。

目覚ましが聞こえない

目覚まし時計の音が聞こえなくて遅刻しちゃった！ それも、宇宙人がイタズラして音を消したのかも……!? なんて、いいわけはダメですよ。

おさんぽ 39
ランドセル
[Ransel]

小学生だけが持つことを許された特殊なカバン。
成長して大きくなろうとも6年間、
同じサイズのランドセルを背負います。
1年生のときは大きすぎるし、
6年生のときは窮屈そうですよね。

DATA
小学生が教科書やノート、筆記具などを入れて背負うカバン。現在はA4サイズの大きさが主流。オランダの兵隊が背負っていたカバンが発祥とされ、今のような箱型を初めて使った日本人は大正天皇とされる。

小学1年生から6年生の ランドセル背負い進化図

体に対してランドセルが占める割合は
成長とともに、どのように変化するのでしょうか?

小さな体に釣り合わない、大きなランドセル。
登下校するその姿は、まるでランドセルが
歩いているみたいです。

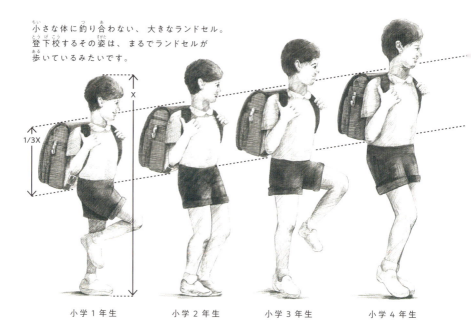

小学1年生　　小学2年生　　小学3年生　　小学4年生

ランドセルと
小学1年生の
バランスを大人に
換算した場合

小学1年生にとって
ランドセルの大きさは、
大人がこんな巨大なカバンを
背負っているようなものです。
とっても重そうですね。

6年生ともなると、大人のよう
な体格になる子どももいます。
肩ひもの長さが調整できるとは
いえ、やっぱり窮屈そう……。

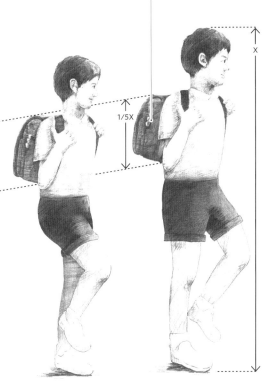

小学5年生　　小学6年生　　一般成人男性

ランドセルの重さイメージ

小学1年生にとってのランドセルの重さは、大人になるとどのくらい?

会社辞めたい。でも家族がいるし、家のローンが山ほど残ってる……。

フォロワーの評価

すべての目的はインスタ映えする写真を撮ること。もらってうれしいはずの「いいね!」が、気づいたらランドセルと同じくらい(?)重たいものに……。

とにかくSNS映え!! みんなから「いいね!」をもっともらわなきゃ!

家のローン

夢のマイホームを建てたあと、待っているのはローン地獄。そんな一家の大黒柱が背負っている責任はドーンと重いのです。

何も背負ってないのに背中が重たいし、寒気もする……ゾクッ。

みんなが期待してる。金メダルを取らないと国に帰れない……。

守護霊?

肩が妙に凝るのは、守護霊のしわざかもしれません。ちなみに、ランドセルの重みで肩こりに悩まされる小学生も増えているようですね。

国民の期待

期待を一身に背負うオリンピック選手。そのプレッシャーの大きさたるや、想像を絶するもの。ランドセルの重みも、大人の想像以上かもしれません。

ランドセルのラクな背負いかた？

こんな持ちかたをすれば、ちょっとは気がまぎれて重さを感じにくいかも？

前背負い

体と密着するので、意外と安定感があるかもしれません。

片手持ち

ひょいっと肩にかけて、かっこつけてる風に。ただし、片方に重みがかたよると姿勢が悪くなっちゃいます。

腰支え

肩には背負わず腰で支えるスタイル。肩がラクになりますが、後ろに引っ張られる力が強いのでヨロケに注意。

お買いもの持ち

おくさま風に腕にかけて、お上品に。バランスは悪いのですが、腕の筋力が鍛えられます。

頭上運搬

頭の上に乗せるのは、体重を支えるのと同じ筋力の使いかたなので意外にラクかも。

おさんぽ 40

ランナー
[Runner]

歩いていると、
けっこうすれ違うのがランナー。
走っている人はなぜか目立ちます。
街を走るランナーの特徴から
ランナー候補の人々までをご紹介。

DATA
走っている人のこと。よく出没するのは公園や並木通り、海岸沿いなど。坂や階段、横断歩道の少ない平たんな道を好んで走る。同じルート・同じ時間帯に、日課として走る人が多い。

街角ランナー10選
街中で見られるランナーたちを観察。

デカリュック

帰宅ラン
夕方〜夜の時間帯に出没。通勤服を家に持ち帰るため、大きなリュックを背負っているのが特徴です。

ばっちりメイク / 妙にファッショナブル

キメキメ
がんばっている自分に注目してほしい、あるいは形から入るタイプ。健康や美容に気を遣っています。

汗だくのTシャツ

ダイエット
「やせなさい!」とお医者さんに叱られたのでしょうか。水分補給にコーラを飲んでいたら注意してあげて。

減量

早朝、するどい目つきでシャドーを交えながら走る人がいたら、きっと減量中のボクサーでしょう。

日焼け完全防備

アームやネックカバーなどで紫外線を完全シャットアウト。戦う相手は自分と、日差しです。

露出高め

ランニングは解放的な気分になって、脱ぎたくなるもの？ 海岸沿いで走っているのをよく見かけます。

ストイック

ただ走るだけじゃもったいない！ ダンベル体操しながらのランニングで今日も自分をイジめ倒します。

散歩？

ワンコ連れのランナー。いや、ワンコに連れられて走っている人……？

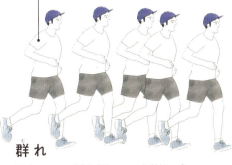

群れ

朝練にはげむ野球少年たち。自転車に乗った鬼顔のコーチがうしろから檄を飛ばしていることも。

ほぼ競歩

歩いていません、走っています。歩幅がちょっと短いだけです。

実はあの人も？ 隠れランナーたち

知らず知らずのうちに、ランナーの仲間入りをしている人もいます。

遅刻ランナー
時計を見ながらダッシュしていたら、それは間違いなく遅刻して焦っているランナーでしょう。

トイレランナー
トイレをガマン中。真剣な顔で急ぐけれど足取りはソワソワとおぼつかず、スピードも出ていません。

イートランナー
食パンを口にくわえて走る人のこと。このタイプは遅刻ランナーをあわせ持っている可能性大。

ランナーに対する歩行者マナー

ランナーを見かけたら、次の三か条を守りましょう。

 背後にランナーを感じたら
急いでいるランナーに、道をゆずってあげましょう。

 たまには「ファイト！」と声を
だれだって、応援されたらうれしいものです。

 がんばっているランナーをジ
見世物ではありません。みんな真剣なんです。

財布は必需品

涙はつきもの

目指すは本殿への一番乗り

特売ランナー
夏と冬のバーゲンセール期間、各地で見かけるランナー。お目当ての物をゲットするのが目的です。

見送りランナー
バス停や駅のホームに、たまに出没。辛いランニングコースなので、そっと見守ってあげましょう。

福男
毎年1月10日、兵庫県の西宮神社にたくさん集まります。本殿に向かって、みんなで猛ダッシュ！

左にスッと寄りましょう。
かけてみましょう。
ロジロ見てはいけません。

おさんぽBINGOが
できるまで

『おさんぽBINGO』は
どのように研究され、生まれたのでしょうか。
その制作秘話にせまります。

illustration: 伊比由理恵

1. 時は、研究員Cが妊娠中の時にさかのぼる。

おなかの赤ちゃんのためには、
バランスのいい食生活に変えないといけない。
という思いから、一日30品目を食べる
という目標をおいた。

2. しかし、それまで不摂生な生活を送ってきた研究員Cには、
「そんなことを急に言われても難しい」とか、
「何を食べたか忘れちゃう」とか、
「毎日のことだと、だんだんモチベーションが下がってくる」とか、
言いわけが多く、そんなに簡単にはいかなかったわけです。

3. 目標を達成するのは、難しい。

私みたいなタイプには何かエサがないと。

どっちみちやるのなら、

楽しまないと続かないし、

頑張った自分には

ご褒美とかも絶対必要だと。

どうすればできるのかなぁ〜なんて。

4. そんなことをぼんやり考えているうちに、

研究員Cは、子を産み、母となりました。

ばたばたと毎日が過ぎていく中で、

子どもが歩き始めたりすると、

自然とおさんぽへ出かける

機会が増えてきます。

5. 出かけてしまえば、興味のあるものばかりで

あっちへ行ったり、こっちへ行ったり。

「アリさん、見つけた!」とか

「これ、なぁに?」

「あれは、なんて言うの?」とか

子どもにとっては

発見の連続なわけです。

6. しかし、いつもご機嫌よく出かけるわけじゃなく、
出かけるまでがちょっと大変なんですよね。
（ママとしては、お昼寝させたいから
午前中にたくさん体を
動かせたいし……）

7.

8. BINGOは、誰にでもできる簡単なゲーム。
当たったら穴をあけるだけ。
その穴が、縦、横、斜めと
つながった人から勝ち。
ぜんぜん難しくなくて、
さらに勝てば何かうれしいことが待っている!!

9. それって、研究員Cにとっては大発見でした。
おさんぽとBINGOを掛け合わせることで、
イヤイヤ期の子どもでも、寒がりの子どもでも、
反抗期の子どもでも、おさんぽに連れ出す
きっかけになるし、ちょっと遠くまで
歩くのだって頑張れる。

10. 小さな子どもにとっては、自然を知るお勉強だったり、
小学校にあがる前の子どもには、町を覚えるお勉強だったり。

春になったら？　夏になったら？
秋になったら？　冬になったら？
海に行ったら？　山へ行ったら？

考えるだけでどんどん一緒に
お出かけしたくなってくる。

11.
「こんなのあったらいいな」という
思いが研究員Cにとっては、
まさにこの『おさんぽBINGO』が
BINGO!! だったのです。

研究によって生まれた『おさんぽBINGO』たち

『おさんぽBINGO』には、いろいろな種類があります。

まち　　　はる　　　なつ　　　あき

ふゆ　　　うみ　　　すいぞくかん　　　TOKYO

おわりに

おさんぽを通じて、季節のことや自然のことに目が向くようになったり、
一緒にお出かけする人との会話が増えたり、時間の使いかたが上手になったり、
ただぶらぶらと歩いているようでそうじゃない、いいことがたくさんあります。

この『たのしいおさんぽ図鑑』を読んでいただいたみなさまには、
きっと、もっとたくさんの気づきがあったのではないでしょうか。
小さなお子さんから、おじいちゃん、おばあちゃんまで
たくさんの方に、このしあわせな時間を楽しんでいただけたらと思います。

では、今日も、いってらっしゃい。

bun-ken.jp

監修・協力

●いぬ、おんぶ（動物や虫のおんぶ）、ベビーカー（動物たちのベビーカー）
… 今泉忠明（哺乳動物学者）

●すずめ、とりのす、はと … 鈴木まもる（画家、絵本作家、鳥の巣研究家）

●きのみ（木の実のおもちゃのつくりかた）、はっぱ（"葉っぱ芸"を身につけよう）、
　ピンクのはな（花でつくってみよう）… 松尾信悟（ミックスじゅーちゅ）

●おまわりさん … 河合幹雄（現・桐蔭大学教授・副学長、元警察大学嘱託教員）

●おんぶ（おんぶとだっこの違い）… 横山望美（助産師、ベビーウェアリングコンシェルジュ）

●かばしら … 河合幸一郎（広島大学大学院生物圏科学研究科教授）

●かめ … 三谷久夫（ポンちゃんの飼い主）

●くものす … 田中幸一（東京農業大学農学部嘱託教授）

●さんかくのひょうしき（カタチの秘密）… 高橋博伸（グラフィック／モーションデザイナー）

●じてんしゃ（乗りかた練習のコツ）
… マイナビニュース（記事：子どもに自転車の乗り方はこうやって教える！プロが教える"5つのポイント"）、
　おてんばママ（記事：3姉妹ママ発信！子育てあるあるBLOG 自転車の乗り方―教え方！子どもがすぐ
　乗れる6つのコツとは？）

●じてんしゃ（新しい発想のコンセプト・バイセコー）
… 東京サイクルデザイン専門学校、株式会社イード、LOOP Magazine（記事：第二回TCDS卒業
　制作展 LOOP MAGAZINEが選んだ注目のビルダーインタビュー！）、サイクルスポーツ（記事：
　東京サイクルデザイン専門学校 2015年度卒業制作展 アワードが決定）

●しょうがっこう（地方別グーパーの掛け声!!）
… マイナビ学生の窓口（記事：全国の「グーとパー」での組み分け、地方によってこんなに違う）

●でんわ（公衆電話でメール送信できます！）… 株式会社NTTドコモ

●とけい（自然の力を利用した時計、江戸時代の時刻の呼びかた）… セイコーミュージアム

●ヒコーキぐも（ヒコーキ雲のつくられかた）
… 日本航空株式会社（記事：JALカード会員誌 AGORA連載『航空豆知識』より）

●ベビーカー（折りたためて超軽量）… 株式会社MRG JAPAN

●ポスト（世界のポスト）… 内藤陽介（郵便学者）

●ほどうきょう
… 水木歩道橋：茨城県高萩工事事務所、南大沢輪舞歩道橋：八王子市、ごみ坂歩道橋：新宿区役所、
　ぐるりん橋：アイランドシティ中央公園管理事務所、中の島大橋：木更津市役所

●ミミズ
… 南谷幸雄（栃木県立博物館学芸部自然課主任）

写真
きのみ … PIXTA
きんぱつ … Shutterstock、PIXTA、123RF

ブンケン

ブンケンとは、文具研究会。
その研究内容は、「じぶんを研究すると、みんなが喜ぶ」という仮説を、
さまざまな文具づくりによって証明すること。
自分の中にある個人的で些細、時にくだらない
直感／違和感／疑問を出発点に掘りすすめ、
人の心に留まるものにたどり着くと信じて研究している。
ブンケンのブンは、自分のブンでもあるのです。
bun-ken.jp　※ブンケンは、広告制作会社サン・アドによる文具ブランドです。

おさんぽ BINGO ／ Book Staff

Creative Director / Planner / Writer	笠原千昌（サン・アド）
Art Director / Planner	藤田佳子（サン・アド）
Planner	小林昇太（サン・アド）／瀬古泰加（サン・アド）
Producer	橋本祐樹（サン・アド）／徳永あかね（サン・アド）
Illustrator	Book：丸山素直（フリーランス）
	おさんぽ BINGO：久保あずさ（サン・アド）
「おさんぽ BINGO」製造・販売	勝竜社

Book Staff

Editor ／ Planner ／ Writer	山田容子（G.B.）
Editor	上村晃生（G.B.）／長谷川雛（G.B.）
Designer	別府 拓（Q.design）／市川しなの（Q.design）／橋本百合奈（フリーランス）
Sales	峯尾良久（G.B.）
Reviewer	株式会社ヴェリタ

おさんぽ BINGO
たのしいおさんぽ図鑑

初版発行	2019 年 2 月 27 日
著　者	ブンケン
編集発行人	坂尾昌昭
発行所	株式会社 G.B.
	〒102-0072
	東京都千代田区飯田橋 4-1-5
電話	03-3221-8013（営業・編集）
FAX	03-3221-8814（ご注文）
URL	http://www.gbnet.co.jp
印刷所	株式会社シナノパブリッシングプレス

乱丁、落丁本はお取り替えいたします。
本書の無断転載、複製を禁じます。
©Bunken/G.B.company 2019 Printed in Japan
ISBN 978-4-906993-66-6